SCIENCE

科普百家讲坛

KEPU BAIJIA J

普及科学知识，拓宽阅读视野，激发探索精神，培养科学热情。

U0623052

科学家
是怎样学习的

吉林出版集团
北方妇女儿童出版社

图书在版编目（CIP）数据

科学家是怎样学习的 ／ 李慕南，姜忠喆主编. —长春：北方妇女儿童出版社，2012.5（2021.4重印）
（青少年爱科学. 科普百家讲坛）
ISBN 978 - 7 - 5385 - 6334 - 4

Ⅰ.①科… Ⅱ.①李… ②姜… Ⅲ.①诺贝尔奖 - 科学家 - 生平事迹 - 世界 - 青年读物②诺贝尔奖 - 科学家 - 生平事迹 - 世界 - 少年读物 Ⅳ.①K816.1 - 49

中国版本图书馆 CIP 数据核字（2012）第 061731 号

科学家是怎样学习的

出 版 人　李文学
主　　编　李慕南　姜忠喆
责任编辑　赵　凯
装帧设计　王　萍
出版发行　北方妇女儿童出版社
地　　址　长春市人民大街 4646 号 邮编 130021
　　　　　电话 0431 - 85662027
印　　刷　鸿鹄（唐山）印务有限公司
开　　本　690mm × 960mm　1/16
印　　张　12
字　　数　198 千字
版　　次　2012 年 5 月第 1 版
印　　次　2021 年 4 月第 2 次印刷
书　　号　ISBN 978 - 7 - 5385 - 6334 - 4
定　　价　27.80 元

前　　言

　　科学是人类进步的第一推动力,而科学知识的普及则是实现这一推动力的必由之路。在新的时代,社会的进步、科技的发展、人们生活水平的不断提高,为我们青少年的科普教育提供了新的契机。抓住这个契机,大力普及科学知识,传播科学精神,提高青少年的科学素质,是我们全社会的重要课题。

　　一、丛书宗旨

　　普及科学知识,拓宽阅读视野,激发探索精神,培养科学热情。

　　科学教育,是提高青少年素质的重要因素,是现代教育的核心,这不仅能使青少年获得生活和未来所需的知识与技能,更重要的是能使青少年获得科学思想、科学精神、科学态度及科学方法的熏陶和培养。

　　科学教育,让广大青少年树立这样一个牢固的信念:科学总是在寻求、发现和了解世界的新现象,研究和掌握新规律,它是创造性的,它又是在不懈地追求真理,需要我们不断地努力奋斗。

　　在新的世纪,随着高科技领域新技术的不断发展,为我们的科普教育提供了一个广阔的天地。纵观人类文明史的发展,科学技术的每一次重大突破,都会引起生产力的深刻变革和人类社会的巨大进步。随着科学技术日益渗透于经济发展和社会生活的各个领域,成为推动现代社会发展的最活跃因素,并且成为现代社会进步的决定性力量。发达国家经济的增长点、现代化的战争、通讯传媒事业的日益发达,处处都体现出高科技的威力,同时也迅速地改变着人们的传统观念,使得人们对于科学知识充满了强烈渴求。

　　基于以上原因,我们组织编写了这套《青少年爱科学》。

　　《青少年爱科学》从不同视角,多侧面、多层次、全方位地介绍了科普各领域的基础知识,具有很强的系统性、知识性,能够启迪思考,增加知识和开阔视野,激发青少年读者关心世界和热爱科学,培养青少年的探索和创新精神,让青少年读者不仅能够看到科学研究的轨迹与前沿,更能激发青少年读者的科学热情。

　　二、本辑综述

　　《青少年爱科学》拟定分为多辑陆续分批推出,此为第五辑《科普百家讲

坛》,以"解读科学,畅想科学"为立足点,共分为 10 册,分别为:

1.《向科技大奖冲击》

2.《当他们年轻时》

3.《获得诺贝尔奖的科学家们》

4.《科学家是怎样思考的》

5.《科学家是怎样学习的》

6.《尖端科技连连看》

7.《未来科技走向何方》

8.《科技改变世界》

9.《保护地球》

10.《向未来出发》

三、本书简介

　　本册《科学家是怎样学习的》通过介绍科学家的成长过程,使你体会到以学习者为中心的学习的重要性。科学家是如何学习的?是什么驱使他们渴望获得知识?科学家是如何提出问题的?是如何思考问题的?是如何寻求这些问题的答案的?他们用了哪些方法来寻求这些问题的答案?从哪个环节开始,这种探究变成了科学的探究?……本书为你一一作了解答。本书是为了使大家能够去快乐地学习而编写的。学习是人类生存的必要手段和过程。终身学习是我们提倡的学习理念。在本书中你能看到在你的学习过程中所遇到的熟悉的东西,能了解到在学习过程中需要注意和总结的地方。有许多科学家都在科学的荆棘路上艰难地探索。他们执著地把纯净的目光投向自然和宇宙。于是,科学的光芒从浩瀚的宇宙折射到人类的每一个角落,一切都变得光明了。

　　本套丛书将科学与知识结合起来,大到天文地理,小到生活琐事,都能告诉我们一个科学的道理,具有很强的可读性、启发性和知识性,是我们广大读者了解科技、增长知识、开阔视野、提高素质、激发探索和启迪智慧的良好科普读物,也是各级图书馆珍藏的最佳版本。

　　本丛书编纂出版,得到许多领导同志和前辈的关怀支持。同时,我们在编写过程中还程度不同地参阅吸收了有关方面提供的资料。在此,谨向所有关心和支持本书出版的领导、同志一并表示谢意。

　　由于时间短、经验少,本书在编写等方面可能有不足和错误,衷心希望各界读者批评指正。

本书编委会
2012 年 4 月

目　录

敢向死神挑战的贝林

贝林（1854—1917），德国医学家。1901 年，因他在抗毒素血清治疗白喉和破伤风等病症方面的功绩，获得首次诺贝尔生理学及医学奖。

贝林出生在德国一个普通百姓的家里。10 岁那年一个寒冷的冬夜，父亲因胆道蛔虫痛得昏死过去，贝林冒着刺骨的寒风，驾着疾驰的马车，将父亲送往医院。路上贝林不慎摔下马车，当他头破血流地走进医院大门时，便与医学结下了不解之缘。

贝林发奋学习，立志从医，终于以优异成绩考入了柏林医学院。为了实现自己的理想，他在大学期间刻苦努力，成绩始终名列前茅。贝林大学毕业时，普法战争打响了，他毅然入伍做了军医。在出生入死的战场上，军医贝林与士兵结下了深厚的友谊。为了抢救伤员，他不幸中弹。一位等着截肢的战士把止痛针让给了被抬上手术台的贝林。伤员的惨叫和血肉模糊的尸体，使年轻的贝林懂得，为了救死扶伤，他必须掌握更多的知识。

战争结束后，贝林受到著名的细菌学家科赫教授的器重，到科赫研究所当助手，从事细菌研究。当时这个研究所因发现了白喉和破伤风的病原菌已蜚声世界。贝林仿照治疗狂犬病的办法，把感染过破伤风的动物血清，注射给刚刚感染破伤风的动物以及有可能感染破伤风的动物。经过 300 多次试验，他终于证明这种血清可以预防破伤风。

白喉在当时是绝症，每年死人无数。为了找到治疗白喉的办法，贝林在德国医学学会上，根据实验结果提出了"抗毒免疫"这个新概念。然而他的报告却遭到了同行们的讽刺和嘲笑，但是贝林毫不气馁，他实践着自己的理论，坚定地向白喉逼近。

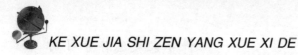

1890 年，贝林根据自己的理论，经过多次实验，发现了能中和白喉毒素的抗毒素血清。1891 年，一个因患白喉而奄奄一息的孩子被抬进了贝林的诊室。无药可救的现实和绝望的眼泪促使贝林做出了一个大胆的决定：注射自己刚实验成功的血清！奇迹发生了，那颗本已属于死神的心脏，开始了逐渐有力的跳动，呆滞的眼睛又重新闪出生命的光辉！这是人类历史上第一个被血清救活的白喉病人，曾夺走无数儿童生命的白喉终于被人类制服。

由于劳累过度和不断接触病人，贝林染上了当时的不治之症肺结核。他深知疾病的险恶，但他想得更多的是他还能做些什么。他把自己所有的资产，包括诺贝尔奖金，全都捐献出来，成立了结核病研究所。正是这个研究所后来为人类治疗肺结核做出了巨大贡献。

痴迷实验的化学家范特霍夫

范特霍夫（1852—1911），荷兰化学家。因为在化学动力学和化学热力学研究上的贡献，于1901年成为第一位获得诺贝尔化学奖的科学家。

范特霍夫生于荷兰的鹿特丹市，父亲是当地一位有名的医生。家中7个孩子，他排行老三。

上中学时，学校的化学实验课吸引了他。实验中红色的液体瞬间变成了紫色，平静的液体会突然冒出许多气泡，这些现象令他兴奋不已。他非常想知道其中的奥秘，总想亲手摆弄一下那些瓶瓶罐罐。有一次，范特霍夫从学校的化学实验室外经过，望着那整齐排列的实验器皿和化学试剂，他不由自主地站住了，"要能进去做个实验多好啊。"范特霍夫发现一扇窗子开着，他犹豫了一下，便纵身跳上窗台，溜进了实验室。他支起铁架台，把玻璃器皿架在上面，找来化学试剂。他全神贯注地盯着试管，内心的喜悦使他脸上露出了笑容。

实验室内的响动，引起了老师的注意。老师从窗口望去，范特霍夫正在那儿专心致志地做实验呢。这太危险了！老师怕范特霍夫在惊慌中出危险，没有惊动他，绕到门口，悄悄把门打开。范特霍夫目瞪口呆地站在那里，就像刚从梦中惊醒。这位老师知道范特霍夫平时是个勤奋好学又尊重老师的学生，没有严厉批评他，只是平静地制止了他的探索行动。后来，老师把这件事告诉了范特霍夫的父亲。

范特霍夫的父亲从这件事中得知儿子很喜欢化学，于是就在家里腾出一间房子当工作室，专门供儿子做化学实验。从此，范特霍夫开始拥有自己的小实验室。他用积蓄的零用钱购买了各种实验器具和化学试剂，课余时间开

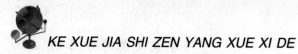

始自由地从事自己喜爱的化学实验。

父母并不想让他成为一个化学家，而想把他培养成一名工程师。范特霍夫进入了荷兰的台夫特工业专科学校学习后，主教化学课的奥德曼教授推理清晰，论述有序，很能激发起同学们对化学的兴趣，范特霍夫在奥德曼教授的指导下进步很快。范特霍夫毕业后说服了父母，还是选择了化学专业。他来到德国波恩，在著名化学家凯库勒的实验室工作，并在这里获得了博士学位。

范特霍夫的两篇著名论文《化学动力学研究》和《气体体系或稀溶液中的化学平衡》使他获得了首届诺贝尔化学奖。

借助妻子之手的 X 射线发现者伦琴

伦琴（1845—1923），德国物理学家。因对伦琴射线（X 射线）的发现与研究，获得第一届诺贝尔物理学奖。

伦琴出生在德国鲁尔的一个小镇。父亲经营着一个已祖传四代的纺织品商店，到了伦琴父亲这一辈，生意一天比一天兴旺，女主人又善于持家，家境逐渐富裕，在镇上颇有名望。

小伦琴非常淘气，与其他的同龄孩子相比，并没有什么特别出众的地方，只是手巧一些。老师见到他父亲时会礼貌地说："您家的孩子，性格好，聪敏，将来会有前途的。"老伦琴对儿子最大的期望就是继承祖传的商店，所以对老师的客套话心满意足。

小学毕业后，父亲想要小伦琴留在镇上，读完中学就继承家业。伦琴母亲强烈反对。她一心想要儿子见世面，将来有个好前程。伦琴没有那么多的考虑，但是对离开家乡，他感到新鲜有趣。

在外祖父家，伦琴进了颇有名气的乌得勒支中学读书。正规的学校教育不仅丰富了伦琴的知识积累，更激活了他的思想。伦琴脑子里的问题越来越多，想动手做些什么的欲望也越来越强烈。伦琴迷上了机械制造，整天和一堆零件泡在一起，并梦想着当科学家。他开始学着用科学的方法来思考：光为何能穿

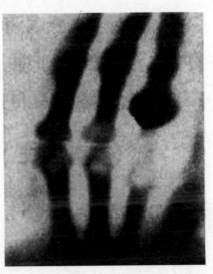

第一张人手 X 射线照片

透，为何又能被遮挡？水为何成为蒸汽，为何又成为窗上的冰花？他觉得知识不够用了。伦琴带着许多问题进入了大学，又带着更多的问题开始了研究。祖传的店铺早已被扔在脑后。

1895 年的一天，伦琴用克鲁斯管做实验时，发现荧光板能发出荧光。他用纸和书本遮住荧光板，荧光板仍然发光。使伦琴更为惊讶的是，当他把手放在荧光板前时，荧光板上留下了手骨的阴影。伦琴认为从克鲁斯管中放出的是一种穿透力极强的射线，并把它命名为"X 射线"（因为伦琴并不明白这种射线的本质，故用未知数符号 X 来命名）。伦琴制成了第一个 X 射线管，并发表了一系列研究论文，但是无人信服。为了证实自己的发现，伦琴说服了妻子，用这种射线拍摄了妻子的手。这张显示出手部骨骼结构的照片立即在社会上引起了轰动。

X 射线能穿透普通光线所不能穿透的材料，这对生活和生产都很重要。1901 年第一届诺贝尔奖的物理奖颁给了伦琴。

一生只做自己想做的事的费雪

费雪（1852—1919），德国化学家。因成功地阐明了糖的结构以及在嘌呤衍生物、肽等方面的研究成果，于1902年获得诺贝尔化学奖。

费雪是五兄妹中惟一的男孩，父亲是一个实业家。父亲对他的期望是学会经营之道，继承自己的事业。然而父亲的有心栽花却适得其反，受到宠爱又被寄以厚望的小费雪，不仅贪玩而且体弱多病。因为体质弱，他不与其他孩子一起玩，总是独自一人做自己想做的事。随着知识的增加，他玩的水平也在提高，而且越来越专业。他逐渐迷上了奇妙的化学实验。

到了上大学的年龄了，费雪却因病休学在家。父亲安排费雪跟姐夫学做生意。费雪应付着，心不在焉地把账目记得一塌糊涂，背地里时常躲在一边搞他的化学实验。库房里不时传出怪味和爆炸声。父亲的期望落空了，最终还是成全了儿子的追求，让他进大学学习化学。

费雪在斯特拉斯堡大学化学系学习时遇到了著名化学家贝耶尔教授。贝耶尔教授在染料、炸药和药物的研究方面有很深造诣。在教授的指导下，费雪完成了《有色物质的荧光和苦黑素》论文，获得博士学位，22岁的费雪成为该校有史以来最年轻的博士。后来他在贝耶尔教授指导下进行苯肼的研究。这个研究首先要合成粪臭素。费雪一心扑在实验上，尽管他衣服、头发和皮肤上都粘上了粪臭素，散发出恶臭，但他全然不顾。当费雪成功地合成粪臭素，高兴地跳起来时，才发现实验室里只剩下他一个人了。因为实验室里冲天臭气，大家都逃到外面"避难"去了。

费雪是一位歌剧爱好者，工作之余，只要有演出，他是必到的观众。一天，实验结束后他动身前往歌剧院，进入大厅后发现有些人掩着鼻远远地离开他，他并没介意。可是刚一落座，周围的观众就开始不约而同地掏出手绢捂住鼻予，甚至有人逃离了座位。终于有人受不了，大声地抱怨起来。费雪这才如梦初醒，原来是自己给观众带来了不便，他连忙离开了剧场。回到家里，费雪仔细地洗过澡，从里到外换了衣服，但是臭味就像渗入了体内一样，走到哪带到哪。费雪的歌剧没看成，但他的科学研究从未中断。

1892 年他来到柏林大学工作，在阐明糖类的结构方面做出了重大贡献，并合成了葡萄糖、果糖、甘露糖等。解决糖的结构是当时有机化学中最困难的问题之一，费雪成功地解决了这个难题，于 1902 年获得了诺贝尔化学奖。

开创了对虫媒传染病的研究的罗斯

罗斯（1851—1932），英国医学家。因从事关于疟疾的研究，发现疟疾的传播途径，1902 年获得诺贝尔生理学及医学奖。

罗斯出生在尼泊尔的阿尔莫拉，父亲是英国驻印度的军官，母亲是印度人。

在 19 世纪末 20 世纪初，疟疾是一种严重危害人类健康和生命的疾病，世界上每年至少有 3 亿人患疟疾，300 万人死于疟疾。罗斯从小生长在尼泊尔北部的喜马拉雅山麓，那里是疟疾的高发区，所以罗斯很小就知道疟疾是一种可怕的疾病。那时，人们不了解疟疾是如何传播的，母亲怕他传染上疟疾，只好把他关在家中。就像躲避不知会从哪里扑过来的魔鬼一样，罗斯不敢出去玩，天天提心吊胆地害怕着。听着那些可怕的传闻，他心中一直有个疑问：人是怎么会得上疟疾的？

罗斯幼年受母亲的影响，爱好音乐和美术，但高中毕业后，还是顺从父亲的意愿，考入伦敦大学学习医学。大学毕业后，他开始致力于有关疟疾的研究。

1880 年，法国的拉弗朗提出了疟疾是由"疟原虫"引起的假说，但这种原虫是怎样进入到血液中去的，这种疾病又是如何由一个病人传给另一个病人的，这些问题始终未获答案。罗斯本来以为蟑螂是传染疟疾的媒介，但是在蟑螂体内找不到疟疾原虫。他又怀疑蝙蝠，或是水里的贝类是传染媒介，结果仍找不到证据。19 世纪末，印度疟疾流行，每年死于疟疾达百万人。没有被传染疟疾的人，却染上了恐虐症，惶惶不可终日。恐怖气氛笼罩着整个社会。1891 年，罗斯参加了印度马德拉斯医疗服务团，深入到印度疟疾流行的地区进行考察。他发现疟疾横行的地区蚊子多得出奇，因此他联想到，疟疾是否与蚊子有关？他捕捉、解剖、观察了无数的蚊子，学会了鉴定蚊种，做了许多实验。

经过十几年的艰苦努力，罗斯首先证明了饮用被成蚊或幼虫污染的水不会患病；接着，他让蚊子吸吮疟疾患者的血液，终于在一种"按蚊"的胃里找到了拉弗朗报告过的那种疟原虫，从而证实了蚊子是传播人类疟疾的媒介。他又查清了疟原虫的生活史，并由此提出了通过扑灭蚊虫以预防疟疾的方案。由于这一方案的实施，疟疾流行的猖獗势头受到控制。

罗斯的关于疟疾传播途径的研究是一项开创性的工作，从此揭开了人类对虫媒传染病研究的新篇章。

敢于创新的化学家阿累尼乌斯

阿累尼乌斯（1859—1927），瑞典物理化学家。由于提出电解质溶液理论，获得 1903 年诺贝尔化学奖。

阿累尼乌斯生于瑞典乌普萨拉附近的维克城堡，父亲是乌普萨拉大学的总务主任。父母因成天忙于事务，无暇顾及孩子的教育，阿累尼乌斯跟着哥哥玩，看着哥哥写作业，3 岁就学会了识字和算术，6 岁时就能帮助父亲进行复杂的计算。"无师自通"式的启蒙教育使阿累尼乌斯养成了很强的自学能力和动手能力。

进入中学后，阿累尼乌斯各门功课都名列前茅，他特别喜欢物理和化学。他以优异的成绩考入乌普萨拉大学，选择了物理专业，但他仍保持着对化学的兴趣。进入大学两年后，他提前 3 年通过了候补博士学位的考试，被校方认为是奇才。

他选择了电解质方面的课题作为博士学位论文。在实验室里，他夜以继日地重复着枯燥无味的实验，整天与溶液、电极、电流计、电压计打交道，这样的工作他一干就是两年。

通过两年多的实验和计算，阿累尼乌斯发现，电解质溶液的浓度对导电性有明显的影响。最使他惊奇的是氨的性质。这种物质在气体状态时是不导电的，

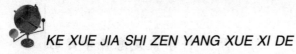

而它的水溶液却是导体，溶液越稀，导电性越好。阿累尼乌斯查明卤酸也都有类似的性质。为什么会出现这样的现象呢？根据实验他做出了这样的结论："溶液稀释时，导电性增加的原因是水。由于水的作用，电解质在溶液中具非活性的分子形态和活性的离子形态。溶液稀释时，活性形态的数量增加，所以溶液导电性增大"。

于是，阿累尼乌斯向一些化学专家提到了自己的理论，但有的专家对他的理论持怀疑态度。阿累尼乌斯深信自己的解释是正确的，专家们的怀疑挖苦丝毫没有使他丧失信心，后来他把《电解质的导电率研究》、《电解质的化学理论》这两篇论文作为博士论文提交了。

答辩进行得很激烈，尽管阿累尼乌斯搜集了大量的实验材料以及无可辩驳的证据，但是答辩委员会还是认为论文只能以"及格"的成绩"勉强获得博士学位"。

博士学位得到了，但是电离学说却不被人理解，当时在瑞典国内几乎没有人支持他，德国的物理学家、化学家等对他的电离理论也没有任何表示。幸运的是俄国著名化学家奥斯特瓦尔德教授意识到，阿累尼乌斯正在开创一个新的领域——离子化学，于是给予了充分的肯定。阿累尼乌斯的电离理论为物理化学的发展开创了新阶段，同时也促进了整个化学的进步。

艰难困苦培育出的伟大女性居里夫人

居里夫人（1867—1934），波兰裔法国物理学家和化学家。因对放射现象的深入研究，1903年居里夫妇获诺贝尔物理奖；因发现"钋"和"镭"两种放射性元素，1911年居里夫人获诺贝尔化学奖。

居里夫人，原名玛丽亚·斯可罗多夫斯卡，出生在波兰华沙。她的父亲毕业于俄罗斯圣彼得堡大学，在一所大学预科学校担任数学和物理老师，母亲是华沙一所女子学校的校长。

玛丽亚从小就特别能吃苦耐劳，学习非常专注。在中学，她已经掌握了英、德、俄、法、波兰等5国语言，中学毕业时获得金质奖章。她渴望着继续学习，但为了帮助家庭和积攒学费，她不得不在乡村当了一名家庭教师。6年后，她带着一包旧衣服离开家乡，到巴黎求学。

在巴黎，她一心扑在学习上，从不为都市的繁华和喧闹动心。长期的营养不良，使她体质非常虚弱，常常因又饿又累而晕倒。严冬寒冷的夜晚，屋里的水都结了冰，她冻得浑身颤抖无法入睡，只好把所有的衣服都找出来，尽可能穿得多一些，钻进被窝再把剩下的衣服都盖在被子上，连惟一的一把椅子也压在被子上，造成一种有重量和温暖的感觉。她比任何人都更渴望巴黎的春天。就这样，她在巴黎经历了4年的寒窗苦读。

艰苦的生活，培养了居里夫人不畏艰辛、百折不挠的精神。在研究镭的放射性时，必须用沥青铀矿的废渣做原料来提取镭盐。居里夫妇没有实验室，只好在一个废弃的破棚屋里做实验，大部分提炼工作就在院子里进行。因为请不起帮工，不管是严寒还是酷暑，居里夫人都穿着布满灰尘染满试剂的工作服，既是学者、技师，又是工人。每天用一根和她人差不多一般高的铁棍，在大锅里搅拌着一堆沸腾的沥青矿渣，烟熏着她的眼睛和咽喉。到了晚上，她累得筋疲力尽，饭也吃不下。在这极端困难的条件下，为了增加收入维持实验，居里夫人还兼着一所师范学院物理学讲师的工作，而且这时他们的女儿才两岁。经过 4 年艰苦卓绝的工作，他们终于从 8 吨铀矿废渣中成功提炼出 0.1 克的镭盐，分离出放射性极强的两种新元素，一种起名为钋，是为了纪念居里夫人的祖国波兰；另一种起名为镭，意思是放射性元素。

居里先生因车祸去世后，居里夫人以超人的毅力克服种种困难，继续完成镭的研究。由于她确定了镭发射的 β 射线是带负电的电子，引起物理学和化学界巨大反响，从此开创了原子时代，导致了原子能应用的研究。

为了他人奉献自己的芬森

芬森（1860—1904），丹麦医学家。因发明用光辐射治疗普通狼疮，开创了光疗先河，获得 1903 年诺贝尔生理学及医学奖。

芬森生于丹麦的托尔斯港，在冰岛长大。冰岛临近北极圈，一年四季日照短缺，当地人从小就深深地感受到阳光对生命的重要。

在哥本哈根大学医学院里，朝北的小屋阴冷潮湿。住了不久，芬森日渐消瘦，身体越来越虚弱，甚至出现了心力衰竭和腹水。然而户外活动和难得的日光浴可以缓解他的症状，他意识到了日光的重要。他做了大胆的假设：光谱中不同波长的光线，由于作用时间和作用强度不同，可能会对机体产生不同的影响。芬森开始寻找前人关于光线治疗疾病的认识，但是一无所获。没有资料阻挡不了他研究的脚步，他打算用实验和临床治疗结果来验证自己的设想。

天花在当时是非常可怕的疾病，患病后即使保住了性命，皮肤上也会留下难以愈合的疮疤。芬森研究了光学，又自己制作了简单的分析仪器，他发现光谱中的紫色光线使天花病人皮肤起水泡，发高烧，而光谱另一端的红色光线能加快天花痊愈，还能预防天花的后遗症。他用了许多方法除去光线中的紫光和蓝光，制造出红光环境来治疗天花，称为"红房子疗法"。芬森的光疗方法，拯救了无数天花病人的生命。

治疗天花获得的成功鼓舞着芬森继续探索下一个目标。冰岛当地的渔民，由于手脚终日浸泡在海水和鱼堆里，不少人都染上了痛苦不堪的普通狼疮。这是一种慢性皮肤结核病，患病的皮肤组织产生畸形，样子变得非常丑陋。普通狼疮以往被认为是不治之症，芬森决心攻下这个堡垒。但由于长期疾病的折磨，他只能坐在轮椅上工作。芬森因陋就简设计了滤光装置，反复试验后认定紫色光线可以使狼疮病灶愈合。

芬森的光疗方法轰动了欧洲，那些饱受疾病煎熬的病人纷纷从各地赶来，请他治疗。1896 年，慈善界筹资为他建立了一所光学治疗研究所。虽然身体状况越来越恶化，可他却从来没有放松过对光疗的研究。芬森的实践验证了他当时提出的光疗假说，被誉为是开拓光线治疗疾病的先驱。

坏天气带来好运的贝克勒尔

贝克勒尔（1852—1908），法国物理学家。因发现天然铀元素的放射性，与居里夫妇同获 1903 年诺贝尔物理学奖。

贝克勒尔出生于法国巴黎，1872 年就读巴黎理工大学，获工程师职位，曾在巴黎自然博物馆、巴黎理工大学任物理学教授。

贝克勒尔在光学、磁学等方面进行过大量研究工作。一次，伦琴博士发现 X 射线的论文深深地吸引了他。长期对光的研究使他产生了大胆的设想：如果我用太阳光代替阴极线，照到一种也可以出现荧光的物质上，荧光物质能否产生类似 X 射线的新放射线？

分析了许多物质后，他找到了化学性质较活泼的铀化物。他把一种铀化物作为荧光物质放在用黑纸包着的胶片感光板上，然后用日光照射，不出所料，底片显像后果然留下了铀化物的黑影。他非常惊喜，但又觉得这个实验结果似乎不够严谨，因为实验的设计有些不合逻辑的地方。他知道一个新发现需要多次试验才能证实。新的发现促使他准备继续实验，可是天公不作美，一连几天阴雨绵绵。没有太阳就无法实验，他只好把准备做实验用的几张底片用黑纸包好，放在抽屉里。他随手拿了一把钥匙压在上面防止纸包散开，而做实验用的铀化物就放在旁边。

一连几天过去了，天气放晴，太阳

终于露出面孔。贝克勒尔开始准备继续实验，他先检查原来的底片是否会漏光。底片冲出来令他大吃一惊：包好的底片已经感光了，而且上面清清楚楚地印有一把钥匙的影子。这真是不可思议的怪事！底片的感光明显与太阳光无关，这证明贝克勒尔原先的设想有问题，他为初衷的失败而懊丧。然而一个新的问题出现了，底片感光究竟是为什么？贝克勒尔苦苦思索却找不到原因，他还不知道一项伟大的人类发现正等待着他去揭示。

贝克勒尔调整了思路，重新分析一切有关的因素。他终于发现铀化物的放射性是他要研究的新课题。于是新的实验思路形成了。

贝克勒尔对铀化物的放射性进行了确认，随后对各类铀化物及其放射性进行了反复比对，最后终于测定出放射性的强度与铀化物中的铀的含量成正比。贝克勒尔得出了铀具有天然放射性的结论。1903 年，他因发现了天然物质的放射性而获诺贝尔物理学奖。

善于发现的化学家拉姆塞

拉姆塞（1852—1916），英国化学家。因发现氦、氖、氩、氪、氙等气态惰性元素，并确定了它们在元素周期表中的位置，获得了 1904 年诺贝尔化学奖。

拉姆塞出生于英国苏格兰的格拉斯哥，父亲是个土木工程师，家庭生活比较宽裕。因是近 40 岁才生下拉姆塞，且又是独生子，所以父母对他非常喜爱，为他提供了良好的教育。

拉姆塞小时候兴趣非常广泛，喜欢音乐，而且很喜欢学习外语。3 岁时，母亲就开始教他认字，教他拉小提琴。他经常静静地坐在格拉斯哥大教堂里，好像在听牧师布道。开始大人们不明白他为什么能这样安静地坐着，后来发现他是在阅读圣经故事，而且看的是法文版和德文版，原来他是在用这种方法学习外语。中学时，为了向母亲祝贺生日，拉姆塞用几种语言朗诵了他写的诗。后来，拉姆塞又学习了多种语言，喜欢学习外语一直伴随着拉姆塞一生。

祖父开了一家洗染店，拉姆塞从祖父那里知道了许多关于化学的知识。他读了英国化学家格雷厄姆写的一本化学常识书后，对化学的兴趣更加强烈，立志要做一个化学家。他的卧室简直就是一个设备齐全的实验室，到处摆满了装着酸类、盐类的药瓶，在上中学前，他就已经会制取氢、氧，以及从糖中制取草酸了。因为拉姆赛对买化学药品和仪器非常在行，小朋友们都喜欢拉上他去化学品商店。拉姆赛的动手能力也很强，他的实验室除了烧瓶和曲颈瓶，其他玻璃用具几乎都是他跟同学一起制作的，同学们称他是"玻璃专家"。由于拉姆塞聪明好学，在很多方面都才华出众，他只用了 8 年的时间就学完了中小学全部课程，14 岁时被格拉斯哥大学破格录取。

拉姆塞大学毕业后，跟随著名光谱分析家本生继续学习，他在本生那里学到了很多化学分析的方法。1894 年，拉姆塞和瑞利发现了惰性元素氩。第二年，拉姆塞在放射性矿物中再次发现了法国化学家詹森发现过的氦。1898 年以后，拉姆塞又连续发现了氖、氪、氙、氡。这样，元素周期规律表中的 6 种惰性元素就都被拉姆塞所发现了。不仅如此，拉姆塞还弄清了它们的化学性质，确定了它们在元素周期规律表中的位置。他把发现的惰性元素作为一族，完整地插入了化学元素周期表中，使化学元素周期表更加完善，他的这一工作，比每一个单独元素的发现都更为重要。

童年的阅历奠定了伟大的人生的巴甫洛夫

巴甫洛夫（1849—1936），俄国生理学家，他在消化生理学和高级神经活动生理学领域取得了重大成就，1904 年获得诺贝尔生理学及医学奖。

巴甫洛夫出生在俄国中部的小镇梁赞，父亲是一位神父。家里兄弟姐妹多，父亲收入又少，因此家庭生活清贫、俭朴。虽然这个家里没什么值钱的东西，但父亲却非常珍爱书籍，经常千方百计省下钱去买书。

有一次父亲去莫斯科参加教会活动回来，从车上搬下了一个捆得结结实实的纸箱。巴甫洛夫好奇地问爸爸那是什么。"是上帝的福音！"原来父亲在去莫斯科的路上结识了一位老人，一路上父亲细心地照料他，两人谈得很投机。到莫斯科之后，这位老人把自己的一部分藏书送给了父亲。

"这可是无价之宝啊，孩子们，如果你们能把书中的知识学到'手'，你们就会成为一个有学问的人，一个精神上非常富有的人。"父亲说。

巴甫洛夫兴奋极了，他连帮父亲把书搬到阁楼上。他发现在书箱里有一本《日常生活中的生理学》，就问爸爸："咦？什么是生理学？"

"生理学是研究生命的学问。有许多知识爸爸也要学了才知道呢。"

巴甫洛夫特意把这本书放在显眼的地方。他明白了，世界上除了神学和文学之外，还有很多很多其他学问。阁楼上的这些书一直伴随着巴甫洛夫度过了童年和少年时代。到了晚年，巴甫洛夫已经成为世界著名的生理学家，在他的书桌上仍然摆着那本曾经令他着迷的《日常生活中的心理学》。阁楼上的书不但为他展现了一个宽广、有趣的天地，也对他日后的科学生涯产生了巨大影响。

父亲希望他在完成学业之后成为神职人员，因此在巴甫洛夫小学毕业后，父亲把他送进了一所宗教中学。学校开设的课程主要是圣经和宗教史，也有少量的自然科学课程。巴甫洛夫逐渐对自然科学产生了兴趣，毅然放弃了将来收入不错的教士生涯，1870 年考入彼得堡大学自然科学系。毕业后他进入医学院深造，致力于生理学的研究。他做了大量的消化生理方面的研究工作，发现了主要消化腺的分泌规律，成功地进行了狗的"假饲"实验，并对高级神经生理学进行了开创性的研究，创立了条件反射学说。

发现惰性气体的第一人瑞利

瑞利（1842—1919），英国物理化学家。因发现惰性气体"氩"以及在气体密度精确测量方面所作出的贡献，获得了 1904 年度诺贝尔物理学奖。

瑞利出生在英国的埃塞克斯。少年时期的瑞利聪明伶俐，才气初露。他在学习中的特点是非常严谨，从不放过一个微小的错误。1860 年他进入剑桥大学三一学院学习，毕业成绩列为优等。在毕业论文的评语上，主试人这样说道："瑞利的毕业论文极好，不用修改，可以直接付印。"

瑞利从事的研究几乎涉及了物理学的所有分支，在电磁学、声学、光学等方面都做出突出的成就。瑞利从 1882 年开始研究气体，首要的工作是先精确测量各气体的密度。瑞利不仅对每种气体反复测量许多遍，而且还要用不同的方法制备同一种气体以便进行比较。在测量氮气时发现了问题。当他测氮气密度的时候，他使用了来源不同的两种氮气。一种氮气是从空气中去掉氧、二氧化碳和水蒸气以后得到的，另一种是从氨气中获取的纯净氮气。结果不同来源的氮气测得的密度不一样，一个是 1.2572 克/升。另一个是 1.2508 克/升。虽然两者只差 0.0064 克/升，但对于讲究精确的瑞利来说是不能接受的。因为他用的是当时最精密的天平，灵敏度达到万分之一克。这是为什么？难道其中有什么奥秘？

瑞利为了消除这个差别，他想尽了办法，检查了所有的仪器，重复了几十次实验，但是这个微小的差别就是顽固地在那里，而且随着每一次测量，差别反而更加精确起来。由氮的各种化合物制得的氮气密度都一样，始终比空气中分离出来的氮气小5‰。虽然这只是5‰的差别，但他认为这是不可忽视的问题。

为了尽快找到原因，瑞利在著名的英国科学杂志《自然》上刊登了一封信，邀请杂志的读者一同来解答这个难题。可是，一封回信也没收到。两年后，瑞利在皇家学会上介绍了他的实验结果。报告完后化学家拉姆赛来找他，决心两人一起合作来解决这个科学上的难题。在两者的共同努力下，氩气（ar）终于被发现了，并最终导致了整个惰性元素族的发现。

培养优秀人才的"教练"贝耶尔

贝耶尔（1835—1917），德国化学家。由于合成靛蓝，对有机染料和芳香族化合物的研究作出重要贡献，于 1905 年获得诺贝尔化学奖。

贝耶尔的父亲曾任军队的陆军中将，贝耶尔的母亲是著名律师和历史学家的女儿，他们非常重视对子女的教育。

贝耶尔的父亲虽然出身行武，但是对自然科学非常感兴趣。他 50 岁开始学习地质学，通过多年艰苦学习，76 岁时竟出任了柏林地质研究院院长。父亲的刻苦勤奋为贝耶尔树立了很好的榜样。贝耶尔 10 岁生日那天，他琢磨着爸爸妈妈一定会为他庆祝一番。可是妈妈好像忘了他的生日，一点动静也没有。贝耶尔难过得快要哭了。细心的母亲看出了他的心思，温柔地说："妈妈生你时，爸爸已经 41 岁了，但是现在还在跟你一样努力学习，明天就要参加考试。要给你过生日不就耽误爸爸学习了吗?"贝耶尔点点头，心里仍带着一丝遗憾，可是母亲的话却深深印在他心里。

"虽然爸爸现在才开始学习是晚了一点，但只要坚持下去就一定会成功的。我们支持爸爸学习，他会非常高兴的，会更爱你的。这不也是很好的生日礼物吗?"母亲说的话对贝耶尔一生都产生了深刻的影响，后来他回忆道："这是母亲送给我 10 岁生日最丰厚的礼品。"每当学习、研究遇到困难的时候，父亲那花白的头发和灯下看书的专注神情就浮现在贝耶尔眼前，他感到似乎没有克服不了的困难了。

贝耶尔先后师从德国当时著名的化学家本生和凯库勒学习化学。本生发明了光谱仪，并发现了铷、铯两种新元素；而凯库勒则在睡梦中悟出了苯环的结构。在两位名师的指导下，贝耶尔的学业有了很大的进展。23 岁那年，他获得了柏林大学博士学位。此后贝耶尔完成了多项轰动化学界的研究工作。37 岁时，他出任斯特拉斯堡大学教授。

当时大学中有一位最年轻的博士费雪，随贝耶尔做助教。在贝耶尔的精心指导下，费雪在有机化学方面的研究水平渐渐地超过了他。经过认真思考，贝耶尔觉得，学生超过了老师，就应该给费雪找一个更有利他发展的地方。贝耶尔坚持推荐费雪去别的学校任教。贝耶尔没有看错，费雪的确才能出众，并早于贝耶尔 3 年获得诺贝尔化学奖。

贝耶尔还培养了许多优秀人才，他传给学生的不仅是知识，还有可贵的人品。他的学生维兰德获 1927 年诺贝尔化学奖，费雪的学生瓦尔堡获 1931 年诺贝尔生理学及医学奖，瓦尔堡的学生克雷希斯又获得 1953 年的诺贝尔生理学及医学奖。可见，贝耶尔的品格和治学方法就像遗传基因一样被传下去了。

传染病学的开拓者科赫

科赫（1843—1910），德国细菌学家。因发现结核杆菌，为人类征服结核病这个恶魔奠定了基础，获得了 1905 年诺贝尔生理学及医学奖。

科赫出生在德国哈尔茨山区美丽的小城克劳斯塔尔。父亲见多识广，好学上进，曾担任过普鲁士政府的矿业顾问。他常常给孩子们讲各地的美丽风光和趣闻。科赫从小就很喜欢跟昆虫打交道，还搞了个自己的小小博物馆。

在大学期间，科赫对巴斯德的微生物致病学说很感兴趣。回到家乡当上了乡村医生后，他开始了细菌学研究。他用布帘在诊室隔开了一个角落，当成实验室。30 岁生日那天，夫人用全部积蓄买了一台显微镜送给他。从此，科赫把业余时间都用来陪伴这台凝结着期望的显微镜。1876 年他神奇地分离出了炭疽杆菌。人类第一次证明，某一种特定的细菌是引起某一种特定传染病的病因。德国政府为此在柏林给他专门设立了实验室，并配备了助手。

如虎添翼的科赫开始了肺结核病因的研究。他把结核结节制成涂片，放在高倍显微镜下反复观察。他期待着找到一些应该存在着的东西，但涂片上始终没有出现什么异常的微生物。"会不会因与周围物质同样颜色，以至无法发现？"科赫决定用颜料将涂片着色。他们试验了各种颜色，耐心细致地逐片观察。科赫在美兰染色的涂片上发现了一些没见过的小亮点，这些终于亮相的小家伙让他兴奋不已。他和助手又找来柏林市内所能找到的各种人和动物的结核结节，用染色法制成涂片进行比较观察，将这种还不为人知的细菌确定为结核杆菌。他用血清培养基获得了纯培养菌，再把这种纯培养菌接种到动物身上，动物也感染了结核病。科赫成功地证实了结核杆菌是结核病的病因。

发现炭疽杆菌和结核杆菌之后，科赫还发现了霍乱弧菌，查清了它们的传播途径。他还发明了显微摄影，组织切片染色，以及培养基技术。此后他又发明了结核菌素。为研究各种传染病，他的足迹遍布非洲大陆、印度和远东地区。他为预防和医治疟疾、鼠疫、伤寒、回归热及昏睡症等传染病做出了巨大贡献。他的"科赫三定律"，至今仍是传染病学的金科玉律。科赫在传染病研究上硕果累累，创造了奇迹般的科赫现象，成了医学史上的唯一。因为很少有人能像他那样，一生取得如此众多的成就。

为了科学走上祭坛的莫瓦桑

莫瓦桑（1852—1907），法国化学家。因首次制得单质氟等一系列发明获得 1906 年诺贝尔化学奖。

莫瓦桑生于法国巴黎，家中非常贫穷。莫瓦桑儿时最大的愿望就是能像其他孩子一样，背上书包走进学校。但是他家交不起学费，莫瓦桑只能站在教室外面偷听。学生们的傲慢和对他的指指点点，未能阻碍他坚持偷学。直到 12 岁时他才提着简陋的书包，衣着寒碜地走进小学，第一次坐在教室里听课。望着窗外的院墙，他开心地笑了。

上中学时，为减轻家庭负担，他不得不放弃学习，到一家药房做了学徒工。莫瓦桑边干边学，又肯动脑，很快就掌握了许多药物知识。一天，一个粗心的男人因误食了砒霜倒在了药房门口。老药剂师看着痛苦的中毒者遗憾地说："晚了，早一点来还有救，现在连上帝也无能为力了。"学徒工莫瓦桑挤在人群中大胆地说："试试吧，只要还能吃下药去，也许有救"，他焦急地冲进药房，先取下催吐药，然后又取出一些其他的药，配好后亲手喂到中毒者的口中。随着呕吐，中毒者的症状减轻了。莫瓦桑的知识救活了一个人，也唤起了他对理想的追求。

化学家弗雷米的实验室招工时，莫瓦桑以优异成绩当场被录用。在那里他学到了许多化学知识。两年后，莫瓦桑转入自然科学博物馆德埃朗教授的实验室。经过德埃朗教授热心指导，莫瓦桑不仅取得了中学毕业证书，还获得了自然科学学士的学位。

后来，莫瓦桑被任命为高等药学院实验室主任。多年来最令莫瓦桑感兴趣的课题是制取单质氟。前人所有制取单质氟的实验都失败了，化学家戴维

已经中毒，英国的诺克斯兄弟为此一死一伤，比利时的鲁那特和法国的危克雷也相继中毒身亡。氟因此被称为"死亡元素"。莫瓦桑研究了所有相关知识，开始大胆尝试。实验室条件太差，曾多次中毒的莫瓦桑毫不气馁。经过一次又一次的失败，他终于用电解法从加入氟化钾的氟化氢液体中得到了单质氟。

他意识到自己是在与死神较量，他更加努力地工作。1892 年和 1893 年，他先后发明了莫氏高温电炉和人造金刚石。他的成就轰动了整个化学界，也因此得到了 1906 年的诺贝尔化学奖。

有幸战胜"死亡元素"，但无力战胜死亡的莫瓦桑，获奖后仅活了 3 个月，就因长期深度氟中毒不治身亡。莫瓦桑未能体验获奖的荣耀，却把他的成果永远留给了人类。

神经元学说的创立者卡哈尔

卡哈尔（1852—1934），西班牙医学家。由于对人体神经系统精细结构的研究，并创立了神经元学说，获得了1906年诺贝尔生理学及医学奖。

卡哈尔生于西班牙的阿拉贡，父亲是一名外科医生。卡哈尔小时候非常顽皮，经常在外面闯祸。一次，他和一群小伙伴因为想坐玛加大爷的马车没有被允许，就设法捉弄玛加大爷，摔掉了他的两个门牙。

这天，卡哈尔很晚才回家，屋内漆黑一片。就在卡哈尔偷偷溜进屋时，屋内灯光突然大亮，父亲手执皮鞭在等着他。这一次卡哈尔被揍得好痛，比他上次因自制大炮射掉山姆叔叔的半边屋挨的揍还痛。

父亲气极了，决定把卡哈尔送到开理发店的舅舅家当学徒。不到半年，卡哈尔因逼着几个孩子喝理发店的洗头水而闯祸，跟着一个修鞋匠跑了。卡哈尔原以为这下可以过自由自在的日子了，谁知那修鞋匠一不称心，就狠揍卡哈尔。有一次几乎把他的小腿打断。卡哈尔气极了，在一个深夜摔了修鞋匠的修鞋箱后溜之大吉。

爸爸从警察局领回因流浪罪被拘捕的卡哈尔，决心自己担负起教育孩子的事。

卡哈尔随父亲开始接触医学。父亲先教卡哈尔学习骨骼学，没想到骨头的奇特形状一下子就抓住了这个顽童的好奇心。

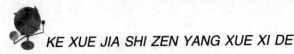

他提出了一连串的问题，还精心绘制了许多解剖图。卡哈尔兴致勃勃拿着自己描绘的解剖图向邻居小姑娘炫耀。谁知他却因过去的劣迹受到了小姑娘的讥讽。

有好几天，卡哈尔觉得自己像死了一般。当他重新"活"过来时，人们发现卡哈尔变了！他要继承父业做个医生，并央求母亲让他去重新读书，他发誓要追回被浪费掉的时间。

1868 年，镇上人们都以惊奇羡慕的目光注视着卡哈尔家。这一年高中毕业生中的第一名竟然是卡哈尔！他考上了萨拉戈萨大学医科免费生。大学毕业后，他参军被派往古巴。由于卡哈尔的英勇表现，被晋升为上尉。

从古巴回来，卡哈尔赴马德里大学攻读博士学位，之后被聘任为母校的神经解剖学教授。他首次观察到神经细胞之间存在着密切的接触，每个神经细胞又是独立的、彼此分离的。他创立了神经系统结构的新学说——神经元学说，为神经系统的研究指明了方向。卡哈尔详细地描绘出视网膜、脑和脊髓中的神经元及其在结构上的相互关系，填补了科学画图的空白。卡哈尔的理论至今仍被写在生理学教科书中，他被誉为脑神经医学的鼻祖。

农民出身的科学家卢瑟福

卢瑟福（1871—1937），新西兰物理化学家。因首先提出放射性元素的蜕变理论，于1908年获得诺贝尔化学奖。

卢瑟福出生在新西兰的一个偏僻小乡村，父亲是农民，母亲是一位乡村教师。兄弟姐妹一共12人，卢瑟福排行老四。这个大家庭的生计全靠父母的辛勤劳作，孩子们也从小就知道生活的艰难，养成了自己动手去创造，踏踏实实做事的习惯。春种秋收都是全家出动，卢瑟福就在这种团结互助的家庭气氛中成长起来，形成了相互协作、尊重别人的良好品质，后来被誉为"从来没有树立过一个敌人，也从来没有失去过一个朋友"的科学家。在他的助手和学生中，先后竟有11人获得诺贝尔奖。

小卢瑟福喜欢动手动脑，修修补补是他的拿手好戏。家里有一个用了多年的大钟，经常停摆，很耽误事，大家都认为无法修理了，卢瑟福把旧钟拆开，把每个零件做好标记，清洗了油泥，又把每一个零件调整到位。结果，大钟走得很准了。照相机在当时是比较贵重的商品，卢瑟福买来几个透镜，居然制成了照相机。他自己拍摄自己冲洗，成了一个小摄影迷。卢瑟福这种自己动手的本领，对他以后的科学研究极为有用，他的工作因此总能胜人一筹。

卢瑟福10岁的时候，从母亲那儿得到一本由曼彻斯特大学巴尔佛教授写的教科书《物理学入门》，这本书不仅讲述基础物理理论，还描述了一系列简单物理实验过程。卢瑟福深深地被书中内容吸引，并从中悟出了一些道理，这本书开始把他引上研究科学的道路。

从中学到大学，他非常珍惜学校的学习环境，所以成绩一直十分优秀。

1895 年，由于他在电学和磁学研究方面的出色成就，获得去英国深造的奖学金，进入了著名的剑桥大学卡文迪许实验室，开始对原子结构的研究。他和居里夫妇从不同的角度研究放射性。居里夫妇着重研究哪些元素有放射性，而卢瑟福着重研究放射线到底是什么。

卢瑟福发现了放射性元素放射出的 α、β、γ 射线，并证明了其性质。后来，卢瑟福还证实了放射性不但会导致原子自然蜕变，从一种元素变成另一种元素，而且还可以用人工的方法进行蜕变。他还提出了原子结构的模型，指明了原子可以分割，原子结构十分复杂。他的理论对后来的物理学和化学的发展产生了深远的影响。

无线通讯的发明者马可尼

马可尼（1874—1937），意大利物理学家。因发明无线电报，对发展无线电通讯做出的巨大贡献，于 1909 年获得诺贝尔物理奖。

马可尼出生在意大利波隆那的一个农庄里。生活比较富裕，但他 5 岁时就失去了父亲。母亲把全身心的爱给了小马可尼，还为他请了家庭教师。家里的藏书很丰富，小马可尼几乎看完了家里所有的书。15 岁时，马可尼便以优异的成绩考入了波隆那大学。

马可尼喜欢物理，喜欢自己动手做实验。读到物理学家赫兹关于电磁波实验的文章后，他对利用电磁波进行通讯产生了兴趣。有一次，物理学教授里奇讲解了一个关于电磁波的最新实验。讲台上放了一台电磁波振荡器，距它 10 米远处放了一台检波器。接通电源后，电磁波振荡器冒出了火花，几乎是同时，10 米远外的检波器也开始闪烁。

里奇教授关于实验的解释引起了马可尼的思索，他提出了一个大胆的设想：把电磁波变成不同的信号发射出去，然后在另一端用检波器接收下来，不用导线就可以进行信号传输了。

在里奇教授的鼓励和帮助下，马可尼开始专心致志于空间通讯的实验。但是他屡屡碰壁，4 年的时间未见任何成果，家里人都有点不耐烦了，称他为"悬在空中的思想家"。可是他并不灰心，常常为了实验废寝忘食。

一天晚上，马可尼把妈妈请到楼上的实验室里，只见他轻轻撤了一下按钮，楼下客厅传来了一阵铃声。母亲惊异地问："这是怎么回事？"他的实验终于成功了。

这次通讯虽然只传了几米远，但这的确是一个伟大的开端。马可尼知道，通讯的价值在于距离。一年之后，他把无线通讯的传输距离扩展到了一英里以外。不满足的马可尼雄心勃勃地开始了更远距离的无线通讯实验。当时的科学见解普遍认为，电磁波是直线传播，而地球表面是球形的曲面，因此远距离无线通讯是无法实现的。马可尼并没有动摇自己的决心。他认为，既然电磁波是自然现象，那么自然界中一定会有某种力量能帮助传播电磁波。在一次又一次的试验中，马可尼观察到了一些未被人们发现的大气物理现象。1901年，他在英国建设了一个高高的发射塔，他要将电磁波信号发往地平线以下的大西洋彼岸。他虽然不知道结果，但他知道科学需要试验。他终于成功了，遥远的大西洋彼岸收到了他的信号。帮助他传播电磁波的，正是他推测存在的自然力量，当时尚未被人类认知的大气电离层。

游戏中产生伟大的科学的奥斯特瓦尔德

奥斯特瓦尔德（1853—1932），俄罗斯化学家。因研究催化剂，提出化学平衡和反应速度的原理，以及发明由氨氧化法制取一氧化氮等方面的成就，获得 1909 年诺贝尔化学奖。

奥斯特瓦尔德出生在毗临波罗的海的拉脱维亚首府里加。父母亲都是德国移民的后裔，父亲以制木桶为生，曾在俄罗斯各地流浪。为了下一代能生活的好一些，父亲决心好好培养孩子。

在离家不远的地方有一条小河，除了到河边玩耍，附近的孩子几乎没有任何有趣的事可做。这些孩子们生活得太悠闲，简直就像河里的小鱼东游西荡，稍有些新鲜事，便立即引起他们的兴奋。

11 岁时，奥斯特瓦尔德偶尔看到一本制作烟花的书。书中提到了化学品名，还标注了化学式。他自己动手摸索起来，设法制作烟花。父母对他的举动都很支持。母亲把省下的零用钱全交给他，用于购买硝石、硫磺等化学药品，还把厨房的研钵、筛子等器皿让给他用。父亲斟酌再三，把地下室的一间屋子腾了出来，供他进行实验。可即使这样，还是没有足够的钱去购买用于制取浓硝酸的曲颈瓶、玻璃管等器具。奥斯特瓦尔德靠干零活挣钱，备足了起码的药品和仪器后，他便按照书中的说明和图示精心操作，反复试验，终于成功地制出了他渴望已久的烟花。望着五彩缤纷的焰火冲向夜空，奥斯特瓦尔德真是喜出望外。

烟花制作成功后，他又开始考虑制作一枚火箭，但火箭的制作难度和危险程度就更大了。在犹豫一段时间以后，他还是按捺不住激动的心情，决定动手制作。在小伙伴的共同努力下，一枚像样的火箭制作成功了，但是在哪里发射呢？小伙伴们经过讨论，认为应当在烟囱管道里发射，这样可能不会造成伤害。火箭发射成功了，它从烟囱里直冲而上。

后来，奥斯特瓦尔德又迷上了照相，但他手头什么照相器材也没有，一切都得从头做起。他用父亲装雪茄的空匣子做照相机暗箱，用母亲的观剧望远镜做镜头，用涂有药液的硬纸片做显影纸，拆下窗格上的玻璃做底板。在当地买不到的化学药品，他便设法用容易买到的东西取代。正是毫无希望的可笑之举，使奥斯特瓦尔德出人意料地洗出照片，他比烟花燃放时还要兴奋。他还未上过化学课，但在课外却懂得了许多化学知识，并由此踏上了他的科学之路。多方面的兴趣和爱好，分散了他的时间和精力，本来 5 年制的中学，奥斯特瓦尔德却不得不读了 7 年。

奥斯特瓦尔德对化学反应的催化过程做了研究，用催化剂使氮气和氢气在高温下合成了氨，又通过催化作用将氨氧化成硝酸。为此，奥斯特瓦尔德获得 1909 年诺贝尔化学奖。

学徒工出身的物理学家范德瓦尔斯

范德瓦尔斯（1837—1923），荷兰物理学家。因在气态和液态方程方面的研究，获得了1910年度诺贝尔物理学奖。

范德瓦尔斯出生在荷兰的莱顿城。父亲是个普通工人，由于家境贫寒，勉强读完了小学后，范德瓦尔斯便到一家印刷厂当了学徒。

他家附近就是莱顿大学。每天路过大学，他总要羡慕地望着那些自由自在的年轻人。范德瓦尔斯恨不得立即走进学校，与那些高谈阔论的大学生结伴而行。他渴望能成为一名夹着书本的大学生，挺着胸膛，昂首阔步地走在家乡的大街上，而不是夹着饭盒，早出晚归的学徒工。命运的安排，对求知欲很强的范德瓦尔斯是个沉重的打击。他躲在印刷厂的纸堆旁沉思着，自勉着，没有向逆境屈服。

欧洲著名大思想家莱顿的故居就在当地。同样是家境贫苦，没上过学的莱顿，靠勤奋自学，创建了独树一帜的哲学理论。他的故事成了范德瓦尔斯的精神支撑。范德瓦尔斯的思想活跃起来。他不再羡慕那些大学生，也不再去大学徘徊。因为他有了自己的理想和追求。就这样，白天伴着嘈杂的印刷机，晚上遥望着莱顿大学的灯光，范德瓦尔斯一边工作，一边开始了艰苦的自修历程。

范德瓦尔斯

一位在莱顿大学当勤杂工的亲戚，帮他借阅了许多大学书籍。但对于一个连中学都没有读过的人来说，没有老师指导，没有钱买参考书，自学中的困难可想而知。

莱顿城中心十字街头有一个小广场，台阶上矗立着荷兰大画家伦勃朗的塑像。每当压力大时范德瓦尔斯就去瞻仰大画家的形象。他决心要做屹立在台阶上的伟大的荷兰人，不做台阶下的小石子。

经过整整10年的艰苦自学，他终于获得了教师资格证书，谋到了一个小学教员的职位。但这离他的目标还太远，不久他便放弃了这份来之不易的工作，以旁听生的身份到莱顿大学学习数学。在崇尚知识的莱顿大学，他对物理产生了理性的认识，并开始了深入的研究。

1873年，36岁的范德瓦尔斯以题为《论气态和液态的连续性》的论文获得了博士学位。在这篇论文中，他提出了非理想气体的状态方程，即著名的范德瓦尔斯方程。由于学徒工出身的经历，范德瓦尔斯的理论非常注重实际。相对于其他实验工作者提出的模型和状态方程，范德瓦尔斯方程是最实用的，他的理论受到了广泛的重视和应用，并形成了范德瓦尔斯学派。他因此获得了诺贝尔物理学奖。

器官移植的先导卡雷尔

卡雷尔（1873—1944），法国医学家。由于他在血管缝合术和器官移植方面做出的杰出贡献，于1912年获得诺贝尔生理学及医学奖。

卡雷尔出生在法国的里昂附近，是一个绝顶聪明的孩子，从小就显示出了文学天分。13岁便进入了里昂大学，17岁获学士学位后回到家乡教中学。年纪轻轻的卡雷尔很快就成了一个挺有名望的老师，深受学生们爱戴。

一个偶然的事件改变了他的一生。一次他去探望病重的学生，弥留之际，学生深情地对他说："做梦也想回到教室听您讲课啊，可惜我再没有机会了。"在讲台上出口成章的卡雷尔此时却说不出一句安慰的话。学生去世后，卡雷尔十分难过。他第一次意识到，做比说更重要！这年冬天，卡雷尔回到了里昂大学，他决定弃文从医，从头开始学医。

在学习解剖学时，别人都嫌福尔马林液气味浓烈，躲躲闪闪，惟恐离之不远。但卡雷尔除了上课时间，还常常利用业余时间到解剖室去学习解剖。为了弄清人体某部分的神经分布和血管走向，他常独自一人深更半夜地呆在解剖室，在尸体标本上反复揣摩。为了练习缝合技术，他在口袋里装着缝合针和纸，只要有时间就拿出来练习。他能在一张书写纸的正面缝合，不让纸的背面露出缝线。他知道，当老师靠嘴，当医生要靠手。他还刻苦练习外科缝合打结技术，常常将一只手插在衣服口袋里练习打结，他的手越练越灵活，以至能把手插进口袋，用手指在口袋里的火柴盒内打外科结。

当时因没有解决血管吻合的难题，人们只是用止血带绑扎止血，受损肌体往往因缺血发生坏疽。因为不吻合血管，器官移植时只得将供体器官切成薄片埋入人体内，这种手术常常以失败告终。卡雷尔选择了血管缝合这个研究课题。许多专家都认为，将破裂的血管像缝衣服一样缝住的想法虽好，可实际操作太难。卡雷尔设计了用于缝合的精密器械，经过了无数次的实验，终于创建了一种新的血管吻合法——三线缝合法。这种血管缝合法，不仅解决了器官移植中的供血问题，还可避免血管组织残留在血管腔内，防止形成新的血栓。卡雷尔攻下了器官移植的首要难题，为断肢再植和器官移植手术的迅速发展奠定了基础。

今天已很普及的血管吻合术正是源于卡雷尔那灵活的手指和细腻的手法。

浪子回头金不换的格林尼亚

格林尼亚（1871—1935），法国化学家。因发明了格氏试剂，对有机化学合成的发展起了重要作用，于1912年获得诺贝尔化学奖。

格林尼亚出生在法国美丽的海滨小城瑟堡市，父亲经营着当地一家很有名的造船厂，家境富裕。格林尼亚从小就受到家族的溺爱，想要什么就给什么，想怎样就怎样。父母只图孩子过得快乐，从来不批评和管教孩子。

格林尼亚养成了吃喝玩乐，游手好闲的坏习惯，任性而毫无志向，从家里玩到学校，根本不把学业放在心上，考试门门不及格。大家都知道格林尼亚是一个不学无术，没出息的孩子。家庭的优越和娇纵误了他的青春，而无知又无聊的格林尼亚却自命不凡。

1892年秋，已经21岁的格林尼亚仍然整天无所事事，到处寻欢作乐。一天，瑟堡市的上流社会举行舞会。在舞场上，他看上了坐在对面的一位美丽姑娘，格林尼亚潇洒地走到这位姑娘面前，以自傲的神态邀请姑娘跳舞。他自以为是当地的精英，可以为所欲为。谁知姑娘端坐不动，流露出不屑一顾的神态。一位朋友悄悄告诉他："这是巴黎来的著名的波多丽女伯爵。"格林尼亚为之震惊，定定神，上前表示歉意。女伯爵脸上显出鄙夷的神态说："请快走开，离我远一点，我最讨厌像你这样的花花公子！"

格林尼亚立刻感到无地自容，昔日的威风和傲气荡然无存。被当众羞辱的他彻夜未眠，他第一次感到空虚，感到后悔，感到可怕。谁也不怨，只怨自己不争气。他决心痛改前非。他给家里留下了一封信："请不要找我，让我重新开始，我会战胜自己创造出一些成绩来的……"

格林尼亚想入里昂大学，但学业太差，只好一切从头开始。经过刻苦努力，花了两年时间，他才把耽误的功课补习完。格林尼亚进了里昂大学插班读书。他深知读书的机会来之不易，更加发奋努力学习。格林尼亚在当时著名有机化学专家巴比尔教授指导下，把老师所有的化学实验重新做了一遍，并且纠正了其中的一些错误和疏忽之处。在这些平凡的实验过程中，1901 年，他发明了格氏试剂。

　　离家出走 8 年之后，格林尼亚实现了出走时留下的诺言。

双目失明的发明家达伦

达伦（1869—1937），瑞典工程师。因在机械工程方面的卓越贡献，特别是发明了自动太阳阀，于 1912 年获得诺贝尔物理学奖。

达伦出生在瑞典的斯卡拉堡。父亲是一个农场主。达伦从小就爱到农场玩那些废旧的农用机械，越玩越灵巧，上小学时已成了爸爸的小帮手。大人修理机械时，他也在一边跟着忙活，经常语出惊人，提出一些大人没想到的好主意。

父亲见他聪敏好学，爱玩农活，读完小学便让他去学习制作奶酪。达伦着迷于机械制造，他对机械原理的兴趣，超过了对奶酪质量的关心。他用农场的旧转轮制造了一台打谷机，还发明了检测牛奶含脂量的装置。达伦摆弄机械的热情和解决问题的积极，也给邻居们带去了福音。他经常给附近的人家维修机器，名气越来越响，远处的农场也开始找上门来。达伦成了没有文凭的"小工程师"。上大学期间，他被邀请参加了涡轮机和空气压缩机的制造。大学没毕业，他就发明了牛奶消毒装置和挤奶机。

成为瑞典煤气贮存公司的总工程师后，达伦开始研究灯塔用的自动闪烁灯，成了第一个研究将乙炔用于无人管理导航航标照明的人。他把乙炔溶解于丙酮内，然后在 10 个大气压下将它压入金属容器中一块多孔石棉内。容器内容纳的乙炔为原来体积的 100 倍，并且可以控制，可以搬运，不至于因为晃动而爆炸，因而可以安全地作为海上灯塔或浮标的长效光源。他还发明了能产生闪光的阀，人们可以从其持续闪光的间隙辨认出光源。为了节省乙炔的耗量，他发明了一种自动太阳阀。这种阀可以使灯塔在太阳升起时自动熄灭，黑夜来临时重新点燃。达伦的这些成就，使他被誉为水手和航运业的守护神。

在担任总工程师时，达伦不顾个人安危，悉心研究煤气的性能，终于发明了联接煤气贮存器的自动调节装置，解决了煤气贮存的难题。达伦多次冒险，终未能躲过意外，一次实验爆炸使他身负重伤。等到获得诺贝尔物理学奖时，他已看不到一切光明和荣耀。他的灯塔还在海上闪烁，自己却陷入了永远的黑暗。双目失明之后，在极端困难的条件下，达伦仍继续进行研究，就像小时候给爸爸出点子一样，他给同行提出了许多好的建议。人们尊敬地称他为：工程师中的伟人，诺贝尔精神的化身。

敢于大胆质疑权威的理查兹

理查兹（1868—1928），美国化学家。因精确测定了许多元素的原子量，以及在热化学和热力学研究中的重大贡献而获得 1914 年诺贝尔化学奖。

理查兹出生在美国宾夕法尼亚州日尔曼镇，父亲是知名的海洋风景画家，母亲是一位诗人。由于母亲的偏爱，理查兹在家中完成了小学到中学的教育。

理查兹自幼聪慧，刻苦好学，喜欢安静，话不多，好深思。受父母的诗情画意的影响，他在学习中思想活跃，思路开阔，绝不墨守成规。父母亲鼓励他坚定地走自己的路。他 14 岁就考上了哈佛大学，以优异成绩获得了理科学士学位。接着又读了文科，取得文科学士、硕士学位。他在知识的花园中转了一圈之后，最终走上了研究化学之路。1888 年，理查兹获取博士学位，那时他才 20 岁，是哈佛大学有史以来最年轻的博士。

他被哈佛大学实验室聘为著名化学家库克教授的助手。在库克教授的影响下，他形成了实事求是，一丝不苟的治学精神。当时，许多化学家都关注着原子量的测定工作，他们把它当作化学发展中的一项基础建设。比利时化学家斯达的原子量测定值一直被学术界公认为是最准确的，没有一个化学家对这些原子量提出过怀疑，也没有人试图用新的方法去检验它。

理查兹第一个对斯达的原子量测定值进行了验定和修正。在大学读书的时候，他就对斯达原子量表提出过质疑，当时受到了一些同学和老师的讥笑，他被认为是年轻冒失，信口开河。为了判定斯达原子量表的正误，他把斯达所做过的有关实验都一一重新加以核定。他全神贯注，废寝忘食，认真分析每一个环节，有时甚至夜以继日地、成百次上千次地重复实验。凭着一股钻劲和韧劲，他和他的学生们，先后精确地测定了铜、钡、锶、钙、锌、镁、铁、钴、铀等三十多种元素的原子量，终于指出了前人的错误以及造成错误的原因，提出了他所测定的新原子量表，并经各国专家鉴定予以公认。

理查兹还在热化学和电化学两个领域做了重要研究。他充分发挥高超的实验技术，测定了许多物理常数。这些物理常数至今在一些物理手册中被公认为标准值。理查兹的科研成果既不是发现科学定律，也不是提出科学理论，而是扎扎实实地从事基础性的研究工作，赢得了科学界的尊重和极高的荣誉。

与父亲同获诺贝尔物理学奖的劳伦斯·布拉格

劳伦斯·布拉格（1890—1971），英国物理学家。因在用 X 射线研究晶体结构方面所做出的杰出贡献，与父亲亨利·布拉格共同获得了 1915 年的诺贝尔物理学奖。

劳伦斯出生在澳大利亚的阿德莱德。父亲 23 岁就在阿德莱德大学任数学和物理学教授，外祖父是著名的天文学家。家境优越，家里学究气氛浓厚，劳伦斯从小就受到了良好的教育。在父母的启蒙下，他非常善于思考，敢于提出问题，也能够正视事实。

劳伦斯 6 岁时，玩游戏摔伤了胳膊。当时父亲正在研究 X 射线，他用自制的 X 射线管给劳伦斯做了检查，拍了片子。劳伦斯第一次看到 X 射线如此神奇，他知道其中蕴藏着许多抓不着的奥妙，但他不明白答案在哪里。他非常想知道父亲在做些什么。

劳伦斯上中学后显示出极强的接受能力和广泛的兴趣爱好。他觉得数学课很有趣，旁听过几次高年级的几何课后，便开始在班里给同学们讲解难题。他很喜欢做化学实验，并总是会提些独特的见解，为此化学老师经常让他帮助做实验课。父子两人有空就在一起讨论如何研究 X 射线的射程问题，使他在中学时代就接触到了一些科学家正在做的事。

劳伦斯随父亲到了英国，考入剑桥大学，他开始进入更高层次的学习。他注意学习实验技能，熟悉实验设备，假期时到父亲任教的利兹大学实验室工作，帮助父亲进行实验分析。大学毕业后他进入卡文迪许实验室，在著名物理学家汤姆生指导下开始研究工作。

随着父亲的研究，劳伦斯对 X 射线的本质这个课题产生了兴趣。物理学

家劳厄发现的 X 射线衍射现象倾向于 X 射线是一种电磁波，但父亲坚持认为
X 射线不是电磁波，而是一种粒子运动，并想方设法去加以证明，以便推翻
劳厄的理论。父亲设计了 X 射线分光计，并用它来研究 X 射线的谱分布、波
长、普朗克常数、发射体和吸收体的原子量等物理量之间的关系。经过反复
探索，劳伦斯认为父亲的理论是不对的，他认为 X 射线的确是一种电磁波，
并且提出了关键性的"布拉格方程"。据此，父亲设计出了一系列有独创性的
实验，证明了劳伦斯的理论。

在诺贝尔奖的历史上，布拉格父子开创了父子同获诺贝尔奖的先例；劳
伦斯获诺贝尔奖时才 25 岁，至今还保持着诺贝尔奖获得者中获奖年龄最小的
纪录。

劳伦斯·布拉格父子

让世界难以理解的爱因斯坦

爱因斯坦（1879—1955），德裔美国物理学家。因发现光电效应，创建相对论并奠定了量子力学基础等，于1921年获诺贝尔物理学奖。

爱因斯坦出生在德国南部的小城乌尔姆，父母都是犹太人，他们性格开朗，喜欢文学和音乐。可是爱因斯坦从小就不爱吱声，到了四五岁，还不大说话，全家都很忧虑，甚至担心他是个低能儿。他们为他请来了医生，但体检显示一切正常。可是在大家眼里，小爱因斯坦并不正常。全家人忐忑不安地过了好久。虽然小爱因斯坦很少出动静，但内心却并不寂静。

5岁时他生病了，本来沉静的孩子更像一只可怜的小猫，静静地蜷伏在角落里，一动也不动。父亲拿来一个小罗盘给儿子解闷。爱因斯坦的小手捧着罗盘，罗盘中间那根针在轻轻地抖动，稳稳地指着北边。他把盘子转过去，盘上那根针并没跟着转，依旧指向北边。爱因斯坦又把罗盘捧在胸前，扭转身子，再扭回去，可那根针还是转回来，指向北边。不管他怎样转动身子，那根细细的针一直静静地指着北边。他把罗盘翻过来，掉过去地细细查看。小爱因斯坦精神了，他的病似乎好了，只剩下脸上的迷惑：为什么它总是指向北边呢？他想问大人，可是他什么都没说。也许他更愿意自己思索，他的思想超出了人们的理解。

罗盘上的指针就像爱因斯坦的人生坐标：不受干扰，不变方向，不走弯路，不可动摇！

爱因斯坦小学和中学是在慕尼黑度过的。在中学里，他喜爱上了数学，并开始自学高等数学。面对爱因斯坦的提问，数学老师感到很吃力，他知道自己已没有什么可教的了。当他被问得张口结舌时，只好说："如果班上没你这个学生，我会更愉快。"爱因斯坦虽然喜欢数学，但是与数学老师相处得很别扭。他不喜欢其他的课程，各课成绩都不好，几乎没有一个老师喜欢他。训导主任断定他终身将一事无成，要他退学。爱因斯坦为此闷闷不乐，他认为自己没做错什么。他只想学他感兴趣的课程，可是学校和老师容不得他。

爱因斯坦考取了瑞士联邦工业大学后，不再为不感兴趣的课程浪费时间，直接开始了对物理世界的探索。当他提出博大精深的相对论以后，世界上理解他的人似乎更少了。

现代原子物理学的创始人玻尔

玻尔（1885—1962），丹麦物理学家。因原子结构和原子辐射的研究，获得了 1922 年的诺贝尔物理学奖。

玻尔出生在丹麦首都哥本哈根海边一所古老的大房子中。玻尔、弟弟哈拉德和姐姐詹妮在这里度过了童年和青年时期。玻尔的父亲不仅是一位国际知名的生理学家，而且兴趣十分广泛，在哲学、政治、文学、体育等方面都有较高的修养。为了孩子们的发展，他尽可能地为他们提供良好的教育，为他们创造开阔的视野。他常常允许孩子们旁听专家学者的高深讨论，使他们从童年时代起就受到了成熟思想的影响。

玻尔从小做事就非常认真细致。上小学时，老师要求画一张学校里一所带花园有篱笆的房子。别的孩子早就画完了，玻尔却一点一点地仔细画着。当他画到篱笆时，特意跑出去数了数篱笆的尖板条，因为他觉得画上的篱笆应该与实际数目相同。

有一次，玻尔参加了学校的木工班，他特别想要为弟弟做一个木偶带回家去。但学校里的条件使他不能完成这个计划，玻尔因此郁闷了好几天。父亲给玻尔找来了工作台，又给他买了工具，帮着他做了个漂亮的木偶。后来，玻尔对机械产生了兴趣，父亲又给他增加了一台小车床，家里的工具房就成了小哥俩发挥想像的实验天地。玻尔学会了用手思想。

从为弟弟做木偶开始，玻尔渐渐对手工劳动显示出强烈的兴趣。他的木工活做得很熟练，即使是精度要求很严格的车工，他也能完成得很好，他还尝试着自己装配机械。有一次，他的自行车出了毛病。妈妈想找个工人来修理，但玻尔坚决要自己动手。他把整个自行车都拆开了，可是重新组装起来却摆弄了很长时间。旁边的人都说让修车的技工检查一下，父亲这时平静地说："还是让玻尔自己弄吧，相信他会把车子装起来的。"玻尔仔细地对各个部件做了研究，最后终于将自行车重新组装了起来。结果比原来所想像的要简单得多。

玻尔考入了哥本哈根大学，他的实验分析能力使他的物理学成绩特别优秀，因此获得了丹麦科学院颁发的金质奖章。后来他创立了现代原子物理学，对物理学和人类的思维领域做出了多项根本性的重大贡献，留下了难以估价的精神遗产。

对母亲的爱造就了成功者的班廷

班廷（1891—1941），加拿大医学家。因发现胰岛素并用于糖尿病的治疗获得1923年诺贝尔生理学及医学奖。

班廷出生在加拿大安大略省的一个农民家庭里。他是5个兄弟姐妹中最小的一个。父母都是虔诚的教徒。

班廷非常疼爱体弱多病的母亲。他宁愿静静地在家里陪着卧床不起的母亲，而不与小伙伴出去玩耍。每到星期天，班廷便早早地起床，小心翼翼地搀扶母亲去教堂做礼拜。为了给母亲买药，他常常独自到遥远的镇上去。一次，天阴沉沉的，要下雨了，小班廷买了药匆匆往回赶。镇上的人劝他第二天再走，可班廷只想快回到家里给妈妈吃药。天黑了，雨越下越大，小班廷艰难地在泥泞的乡间小道上走着，鞋子摔丢了，他滑倒了，雷鸣电闪和时隐时现的黑影吓得他大声喊叫。晚上，全家人都在焦急地等待着他。看着他光着脚，浑身泥巴，湿漉漉地回到了家里，母亲哭了，可他笑着从怀里掏出了保护得好好的药包。

中学毕业后，班廷依依不舍地离开了陪伴多年的母亲，进入多伦多维多利亚神学院。在神学院里，他时时牵挂着病中的母亲，不断地祈祷着神灵的保佑。不到一年，母亲就去世了。班廷伤心至极，非常失望地离开了神学院。他毅然转入多伦多医学院发奋学习，一直把母亲的遗像带在身边。他在以后的日记中写道："我一看到她忍着病痛的微笑，心里就好像一亮，那些再难记的医学名词也一下子就记住了。"医学院毕业时，正值第一次世界大战，他应征入伍。因为在战场上奋不顾身地救护伤员，英国政府授予他军队十字勋章。

战后，他放弃颇有前途的外科医生职业，开始对糖尿病进行研究。当时人们发现糖尿病与胰腺有关，但是无法提取出胰岛素来。他决心大胆尝试，多伦多医学院的麦克劳德教授终于被感动，答应班廷可以在暑期里使用一间简陋的实验室，并给他 10 只实验用狗，还配了一个助手。班廷和助手日夜奋战，失败接着失败，但第 92 只患糖尿病的狗在注射了提取液后病情明显好转，奇迹出现了。

班廷廉价转让了他的专利权，以期扩大生产救治更多的病人。第二次世界大战期间他重上战场参加战地救护，不幸以身殉职，年仅 49 岁。

微量分析法的发明者普瑞格

普瑞格（1869—1930），奥地利化学家。发明了对有机化合物进行微量分析的方法，大大促进了有机化学的发展，获得了1923年诺贝尔化学奖。

普瑞格出生于南斯拉夫的拉巴克。在上小学期间，他惟一的爱好就是体育。临近考试时，同学们都加紧复习功课，他却在操场上兴致勃勃地玩球，因此考试成绩总是不好。

普瑞格越来越迷恋体育，15岁时，他考入了体育学校。毕业后他一心想当一名创造纪录的运动员，接连两次参加了奥地利的全国运动会，但是没能创出什么纪录，甚至连个名次也没有。普瑞格很快做出了决定：从头学起，另走一条新路。年轻好胜的普瑞格没有消沉，经过一年的苦读，终于被格拉茨大学录取为医科预科生。

他深知自己基础太差，为了把基础打牢，他坚持比别的同学多学习了一年，终于写出了以探索胆酸为课题的毕业论文。他的论文不仅受到了学校重视，也引起了化学界的关注。医学院一毕业，他就被母校聘为病理研究院的教师。

普瑞格意识到为了提高自己的学术水平，他必须要到更广阔的天地里去。普瑞格离开了母校到德国留学，跟随奥斯特瓦尔德教授进修物理化学。不久他就受到瑞士著名化学家亚伯德赫丹教授的邀请，去协助研究蛋白的制造和分解。在实验室里，他负责分析人体尿液蛋白质成分，这是当时最难的渗透分析。可是普瑞格不畏困难，他运用最精细的方法，反复测试，常常通宵达旦地呆在实验室里。经过3个月的努力，他出色地完成了对人体尿液的分析。

第一次世界大战时，由于物资极端缺乏，供给研究院的药品和材料越来越少。为了确保实验不被中断，普瑞格要用最少量的材料，做出最准确的判断，他必须要有一种新的分析方法。为此，他不得不放下自己的课题，转而进行分析方法的研究。1912 年，凭着自己的钻劲和韧劲，普瑞格发明了有机化合物的微量定量分析方法，为化学分析法填补了一项空白。

他的《微量分析论》发表不到半年时间就成了化学界的经典著作。普瑞格曾在柏林和维也纳，两次公开演示过这种微量分析的化学实验，吸引了许多知名化学家前来观摩。

普瑞格的微量分析法对现代科学发展仍有着深远的影响。目前人们对原子量的若干精确研究就离不开这种分析法。

心电图的发明者埃因托芬

埃因托芬（1860—1927），荷兰医学家。因发现心电图的机理并发明了心电图机，于 1924 年获得诺贝尔生理学及医学奖。

埃因托芬出生在印度尼西亚爪哇岛的一个种植园主家里。当时，印度尼西亚是荷兰的殖民地。

小埃因托芬是由一位中国阿姨带大的，人们叫这位中国阿姨为洪妈。埃因托芬 4 岁起跟洪妈在上海侨居了 6 年，并且在上海上了小学。这期间，洪妈还带他到自己的家乡广东新会住了一段时间。埃因托芬因此与洪妈有着深厚的感情。在他 17 岁时，洪妈因心脏病死在爪哇岛的庄园里。埃因托芬悲痛不已，他立志学习医学，从事心脏病研究。

埃因托芬进入荷兰乌特勒克大学后，跟随著名医学家、现代眼镜片的发明者杜德学医。杜德年迈时，将积攒多年的研究资料交给了埃因托芬，希望他继续进行对心脏病的研究。

当时，人们已发现了生物电，并且有人发明了以图形显示动物心脏活动的电流装置。但他们的试验多是在鸽子、青蛙等动物身上做的。埃因托芬决定把研究人类心脏的电流活动做为自己的课题。为了掌握电学基本原理，以便进行心脏电流研究，埃因托芬转入物理系攻读了一年。

经过了多年的研究实验，埃因托芬终于发现心脏每次收缩之前，会产生电激动传至身体表面各部位，造成体表各部位不同的电压。将此电压用仪器描绘下来，就形成了心电图。当人患有心脏病时，心脏收缩产生的电激动就会不正常。1900 年埃因托芬把健康者和心脏病患者的心脏活动电压记录下来加以比较，确认这种方法对临床医学很有意义。埃因托芬成功地设计了心电图机的关键部件指针式微电流计。1903 年发表了《一种新的电流计》，他的论文获得广泛承认，这标志着心电图技术应用于临床诊断的开始。1906 年埃因托芬阐明了所记录的正负波（称为心电图）与各种类型心脏病之间的关系，从而使这种方法成为一种很有价值的心脏病诊断工具。

埃因托芬最初发明的心电图记录计重达 140 公斤，无法带进病房，而且病人手脚都需要浸在电解质溶液中。埃因托芬前后经过二十多年的不懈努力，终于使心电图机可以成功地用于临床诊断。心电图现在已经成为临床医学诊断心血管疾病的最重要的检查手段。

一丝不苟严以律己的席格蒙迪

席格蒙迪（1865—1929），奥地利化学家。因在胶体化学研究上有卓越贡献及发明了超显微镜，获得 1925 年度的诺贝尔化学奖。

席格蒙迪出生于奥地利的维也纳。父母爱好音乐，期望自己的孩子都能成为音乐家，可席格蒙迪的弟兄们个个听觉都有严重问题。这使父母非常失望。

中学时期席格蒙迪的听力更差了。人们对他说话必须提高声音。这是他生理上的一大缺陷，但席格蒙迪却使这种缺陷变成了促进他学习的有利条件。他用功沉思时，不管人们在他旁边如何高声说笑，他一点也不受影响。听力缺陷培养出了他很强的专注能力。

席格蒙迪从小就养成了良好的习惯，办事认真，从不敷衍。衣服上稍微有一点污渍，他非脱下来洗掉不可。在学习上，他更是刻苦认真，学习成了他生活中的惟一重要的事。16 岁时他就考入了维也纳大学，成为当时年龄最小的学生。

他认真严谨的性格使他在从事化学分析时获益非浅。他特别善于观察，有时他的实验结果，比教授们做得还要准确。在他的谈吐里，从来没有用过"大概"这一类的字眼。他不说模棱两可的话，也从不做似是而非的表示。24岁时，他获得了慕尼黑大学科学博士学位。他先在柏林化学研究院当助理研究员，后来又放弃了柏林的一切，远赴德国东部的耶拿城，当了一名玻璃厂的化验员。玻璃厂的化验设备跟他的研究有着密切的联系。在那里，他发现黄金以极细的颗粒分散在水中形成"胶状金"后，能够制造出光泽像红宝石一样的玻璃。

固体以极微细的颗粒（大小约在几百万分之一米）分散在液体中的分散体系，称为溶胶。席格蒙迪发现可以用电解的方法，分散或提取这些金属的细微颗粒。但是怎样能够直接观察胶体微粒，一直是个困难的课题。席格蒙迪终于研制出一台极精细的超显微镜。利用这台超显微镜，人们可以观察到直径亿分之一米的任何微粒的形状。贝仑用席格蒙迪所发明的仪器做了试验，求证出自然科学中的一个重要常数——阿佛加德罗常数。

后来，席格蒙迪又用实验证明，溶液的色泽与溶液的某些量化指标有关。接着他又以电解的方法阐明了怎样保护胶体的稳定，以及怎样破坏胶体，使微粒凝结沉淀出来。由此，他解决了生物化学、细菌学、土壤物理学上许许多多的难题。

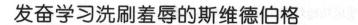

发奋学习洗刷羞辱的斯维德伯格

斯维德伯格（1884—1971），瑞典物理学家。他发明了超速离心机，并用于高分散胶体物质的研究，因此获得 1926 年诺贝尔化学奖。

斯维德伯格出生在瑞典的一座美丽的港口城市耶夫勒。父亲是这个港口城市造纸厂的经理，家里祖孙几代都在这里开办造纸厂。

少年时期的斯维德伯格无忧无虑，常常和哥哥们在码头上玩耍，好奇心使他们从一条船逛到另一条船上，根本没有兴趣坐在教室里读书。几个哥哥的学习成绩不太好，斯维德伯格的成绩比他们还要差，几乎门门都只是勉强及格。父亲的忙碌和家庭条件的优越使他们没有任何学习压力，他们只考虑明天怎么玩，从来不在意老师的要求。

斯维德伯格的年龄一天比一天大，可学习却越来越差。学校校长是他家的亲戚，跟父亲的关系很好。校长苦口婆心的教诲已不起作用，他恨铁不成钢，有一天当着同学们的面，校长指着斯维德伯格家的造纸厂，毫不留情地说："等着看吧，20 年后这个纸厂就要在你手里倒闭！"斯维德伯格低垂着头，又羞又恼，他再也不愿见校长的面。自尊心受到伤害的斯维德伯格从此离开了家乡，转学到斯德哥尔摩去读书了。

生来就有一股子犟脾气的斯维德伯格下定决心要发愤学习，以优异的成绩来洗刷羞耻。他考入了乌普萨拉大学，成绩一直出类拔萃。他的兴趣广泛，酷爱绘画和生物。学习的确使他换了一个人，他获得了文学士学位、硕士学位和哲学博士学位，担任了母校的化学讲师。这时，他在胶体化学方面的研究已很有成就，他对胶质微粒子的研究确定了布朗运动的实验依据。

就这样，少年时期校长的一席气话，成了斯维德伯格激励自己奋斗一生的巨大动力。斯维德伯格崇敬老校长，更崇敬老校长的作风，对学生严格要求，常以自己的经历激励学生发愤读书。在乌普萨拉大学任教三十多年的漫长岁月里，他对学生的期望之殷切、管教之严格，在瑞典的各学校中非常有名。他成功地培养出了不少青年专家。

1923 年，斯维德伯格受聘为美国威斯康星州大学的教授，专门研究胶体化学。他发明了超速离心机，对研究蛋白质化学起了很大的促进作用。每分钟旋转 8 万转以上的超速离心机，可以得到比在地球表面上的重力加速度大几十万倍的力场。利用这种离心机，人们可以很容易测定蛋白质的分子量。

为光子学说提供了实验依据的威尔逊

威尔逊（1869—1959），英国物理学家。发现用蒸汽凝结的方法显示带电粒子的轨迹，1927 年获得诺贝尔物理学奖。

威尔逊生于苏格兰南部的锡格伦科斯附近。父亲是一位农民，由于在牧羊业方面进行的新实验而在苏格兰享有名声。威尔逊是弟兄八人中最小的一个。

威尔逊小时候顽皮好动，不断地惹是生非，永远没有安静的时刻。因此，父母很失望，认为他做什么也没有恒心，将来一定没有出息。一位有学问的牧师了解到威尔逊的表现后，便劝他的父母不必过于着急："那些特别聪明的孩子，小时候往往由于志向未定而显得出奇的顽皮。一旦有了自己的兴趣和爱好，他就不会这样顽皮了。"牧师的话使威尔逊的父母决心给他提供求学深造的机会，让他去试试自己的运气。

威尔逊 15 岁进入曼彻斯特的欧文斯学院后，发觉自己对物理有着浓厚的兴趣，他下定决心专攻物理学。大学毕业后他获得了剑桥大学的奖学金，成为物理系的研究生。

他的老师汤姆生曾向威尔逊提起过，说他需要一种特别的仪器，这种仪器要能够显示出各个电子经由空气时所走路线的痕迹。言者无心，听者有意，威尔逊把老师的话牢牢记在了心里，他希望自己能把老师的这一设想变成现实。

为了设计出这种仪器，他经常爬到苏格兰最高峰那维斯峰顶上的天文台去观察和研究云雾现象，据此于1900年发表了一篇论文，说明空气中常有一些离子产生。这篇论文引起了科学界的重视。此后，他更全力研究空气的放电现象，计算空气中所放电的电量。

经过长期的锻炼，威尔逊炼就了一双特别灵巧的手。他善于设计，并亲自操作做各种实验。据说，当时的剑桥大学，没有一个人能做出比他更出色的实验。威尔逊的所有这些积累和基础都为他后来的发明创造了有利条件。

威尔逊一生的贡献很多，但最主要的是发明了雾室。经过多年的悉心研究威尔逊终于从水蒸气凝结在离子上的现象中，发现了一种跟踪离子轨迹的方法即雾室，从而把老师的设想变成了现实。1911年他亲自看到了带电粒子的轨迹。美国康普顿发表了有关理论之后，威尔逊又进行了一系列的云迹观察，从实验上证实了这个理论，从而为爱因斯坦的光子学说提供了实验依据。1927年他和美国的康普顿共同荣获了诺贝尔物理学奖。

拯救了成千上万生命的尼科尔

尼科尔（1866—1936），法国生理学家。因发现斑疹伤寒的病原体，并发现了它的传播媒介，获得1928年诺贝尔生理学及医学奖。

尼科尔出生在法国的鲁昂市。父亲是当地一位著名医生，兼任着鲁昂市科学和艺术学院的博物学教授。母亲也懂医学，是一位有教养的女性。

尼科尔小时侯因受父亲的影响，很喜欢自然科学。上中学后，法国大量的文学作品对他影响很大，他又喜爱上了文学，并打算将来搞文学创作。但是父亲坚持要他选择医学，让他进了鲁昂医学院。获得博士学位后，他专攻细菌学和病理学，取得了很多的成就。

1902年，尼科尔为了医学研究，告别了妻儿，远离繁华的巴黎，只身来到了非洲的法属突尼斯，担任巴斯德研究所的所长。尼科尔医术高明，特别对传染病的治疗更有造诣。当他到达突尼斯时，正值斑疹伤寒流行，在他工作的医院门口常常摆着来不及医治就死去的病人尸体。他往往得跨过这些尸体才能进入医院工作，这对尼科尔震动极大。

斑疹伤寒是一种可以引起大规模流行的传染病，病死率高达70%。据估计，第一次世界大战期间，死于斑疹伤寒的士兵比死于炮火的还多。人们不知道这种病的传播方式，只能被动地等待着它的爆发和流行。极大的社会恐慌几乎使每个医生都在不安地关注着疫情及研究进展。

尼科尔发现，病人家里常有好几个人同时得病；医院里接待病人的护士，收集病人衣服的护理人员，以及清洗衣物的女工也会染上这种病，但是病人进入病房后就不再传染别人。细心的尼科尔注意到了这个现象，引起了他的思考：病人入院后究竟发生了什么？尼科尔发现是一种比细菌小的立克次氏体引起了发病，并且证实了体虱是传播斑疹伤寒的媒介。为了验证血液的传染性，必须进行人体实验，但由于对斑疹伤寒的恐惧心理，没人愿意进行这种"死亡实验"。尼科尔责无旁贷，冒着风险，从重症斑疹伤寒病人体内抽血，将血清注入了自己的体内。他以自己的生命为代价，验证了他的科学判断，也验证了他的伟大人格。

尼科尔后来又区别出由体虱传播的流行性斑疹伤寒，以及由鼠蚤传播的地方性斑疹伤寒。他发现了斑疹伤寒的传播方式和发病规律，为预防和治疗斑疹伤寒提供了理论依据和具体的防治途径，拯救了成千上万人的生命。在第二次世界大战中，因注意了灭虱灭蚤，斑疹伤寒没有发生大流行。

不像教授的教授理查森

理查森（1879—1959），英国物理学家。因发现了热离子学的基本定律——理查森定律，而获得1928年度诺贝尔物理学奖。

理查森出生于英国约克郡的杜斯堡，是家里的独生子。

1897年，理查森进入剑桥大学。他在自然科学考试中成绩优异，尤以物理和化学最为出色。他在那个学术气氛上相当浓厚的环境里潜心攻读，为以后的事业打下了坚实的基础。

从剑桥大学毕业之后，他来到卡文迪许实验室进行热体电发射的研究工作。他一向对自己从事的研究充满信心。在剑桥大学讲授电学时，他已对热离子学有了独到见解，可是学生们闻所未闻，对他的设想莫名其妙，对其中的奥秘也不感兴趣，因此对他不太尊重。后来，他授课的时间逐渐减少，引起了一些人的误会，而他却安之若素，对研究毫无松懈。他常对挚友表示，学术从萌芽到普及，往往不是在一个人的寿命里可见分晓的。他说："当初哥伦布宣称发现了新大陆，有谁相信他？"

美国普林斯顿大学聘请他从事教学和研究工作，这是理查森第一次去美国。校方派人去码头迎接，船上的旅客都走光了，也没看见一位教授模样的英国人，只好空车返回。理查森却早已抵达学校。因为他看上去一点都不像个教授，倒像个打杂的工人，没有引起人们的注意。他在普林斯顿大学工作了7年，几乎只去过两个地方：一个是他的研究所，另一个便是教室。他3次去纽约，结果3次都在纽约市区里迷路，他发誓再也不去那个"迷魂阵"了。

理查森为人质朴，平易近人。他很珍惜生活用品，一件衣服穿了十几年，

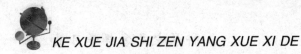

毫无破损，只是颜色褪了，式样旧了些。他几乎一天到晚穿着电机实验室的工作服，每逢星期天上教堂做礼拜，才穿得整齐些。他上教堂穿的那件惟一的"礼服"，还是他上大学那年母亲送给他的礼物。但是，他对别人却非常慷慨。一次，听说一个工人的母亲病重，理查森便立即把自己的工资送去给他的母亲治病。他并不看重钱财，自己也不会享用。

理查森一生忙忙碌碌，很少见他放松休闲。当他去幽静的旷野散步，肯定是因为他在学术上遇到了疑难问题，一时得不到答案。他证实了高温下的物质及受到紫外光作用的金属都能发出电子。他最先研究了电子在真空里从热体逃逸的现象，并给以完整的说明。他还研究了与化学作用有关的电子发射。他对于紫外线光谱和X射线光谱的研究也有重要的贡献。

也许正因为只会工作，不会生活，他才成为热离子学的奠基人。

创立物质波理论的德布罗意

德布罗意（1892—1960），法国物理学家。由于创立描述微观粒子波动性的物质波理论，于 1929 年获得诺贝尔物理奖。

德布罗意出生于法国第厄普的贵族世家。他勤奋好学，虽出身名门，却没有纨绔子弟的习气。在中学读书时，他的兴趣是文科，考入巴黎大学后攻读历史，18 岁就获得了历史学学士学位。他还学了一年法律，研究了法国的历史和政治。

德布罗意的哥哥是一位著名的射线物理学家。他跟着哥哥参加了布鲁塞尔物理会议，在其影响下，他的志趣转向了自然科学。仅用两年的时间，他就学完了自然科学的基本课程，期间他还兼任了哥哥的实验助手。他在为人处世方面逐渐培养出严肃的科学态度。就是对比他大 17 岁的哥哥，只要是学术上发生的分歧，他也不会有任何通融，有时竟弄得哥哥面红耳赤。

正当他埋头于自己的研究课题时，第一次世界大战爆发。他到军队服役，分管设在巴黎埃菲尔铁塔上的无线电报站。他没有放弃自己的科研目标，并尽可能地利用当时的条件加深对无线电波的认识。战争结束后，他立即返回实验室，同哥哥一起从事 X 射线摄谱技术的研究，探索能够验证物质原子结构的有效手段。

19世纪初，有人论证过光的波动性。爱因斯坦曾指出：光电效应说明过去的粒子学说是正确的。这些研究冲击了牛顿经典物理学中有关光学的理论，使人们对光开始了新的认识。在这些光学和力学原理启示下，德布罗意提出：有可能用一种新的理论，把这两种表面截然不同的现象——波动和粒子统一起来。自1922年开始，他在法国科学院的《波动力学》杂志上，连续发表了几篇有关这方面的论文。他设想任何运动着的粒子都必定伴随着波，其波长和粒子的质量及速度有关。知道波长，就可以了解粒子的运动。因此，人们不仅可以解释可见光，而且可以说明为什么一束粒子同一束可见光一样会出现衍射现象。德布罗意的理论无疑是大胆的创新，轰动了当时整个学术界。

大多数学者对这个新理论都迷惑不解。物理学的权威洛伦兹甚至断言德布罗意误入了歧途。然而，德布罗意坚持自己的研究。几年后，美国的戴维森和格默，英国的汤姆生先后验证了电子的波粒二重性。在事实面前，怀疑派不得不承认德布罗意的理论的正确性。

发现 A、B、O 血型的兰德斯坦纳

兰德斯坦纳（1868—1943），美籍奥地利医学家。因发现了 A、B、O 血型，于 1930 年获得诺贝尔生理学及医学奖。

兰德斯坦纳出生于奥地利首都维也纳。他家附近有一所医学院附属医院，那里经常进行各种医学实验。少年时代的兰德斯坦纳对医学有强烈的好奇心。他常爬到实验室的窗户上偷看里面发生的事，有一次因为看得入迷，摔伤了胳膊，差点被送进手术间。他还很喜欢看那些带有插图的医学书籍，并且一点也不感到害怕，看过后经久不忘。

兰德斯坦纳 17 岁时考入维也纳大学医学院。毕业后，他继续留校学习化学。他跟随著名的糖结构专家费雪教授，费雪教授后来获 1902 年诺贝尔化学奖。这段时间的学习给兰德斯坦纳日后对血型的研究创造了条件。

输血在当时已成为比较普遍的治疗手段，但是因输血导致病人死亡的事时有发生。人们不知其中原因，更无从防范。1900 年兰德斯坦纳在维也纳病理研究所工作，对输血问题非常感兴趣。他推测，供血人的血液与受血者体内的血液混合有可能产生某种病理变化，导致受血者死亡。兰德斯坦纳发现甲者的血清有时会与乙者的红血球凝集，而血液凝集对病人的生命是非常危险的。经过反复试验，他终于发现了人类的血液按红血球以及血清中的不同抗原和抗体可分为 A、B、O 类型，不同血型的血液混合在一起就有可能发生凝血、溶血现象，这种现象如果发生在人体内，就会危及人的生命。输血导致死亡的根本原因找到了，多少医生和等待救助者，以及多少不明不白的死者家属，感谢着上帝使者般的兰德斯坦纳。感谢着他在生死迷茫的十字路口，指出生还之路，使敢不敢输血的冒失问题，终于得到了可不可以输血的科学回答。

一年之后，有人在兰德斯坦纳的研究基础上又发现了 AB 血型。现代血型系统正式确立。但人们当时并不理解这项科学发现的重要意义，因此兰德斯坦纳一直未被名利烦恼，只是默默地继续着他的病理研究。直到 30 年过去，诺贝尔生理学及医学奖的光芒才降临于他。

兰德斯坦纳对于人类血型的杰出研究成果，不仅为安全输血和治疗新生儿溶血症提供了科学的理论基础，而且对免疫学、遗传学、法医学都具有重大意义。

伟大的业余科学家拉曼

拉曼（1888—1970），印度物理学家。因光散射方面的研究工作和"拉曼效应"的发现，获得 1930 年诺贝尔物理学奖。

拉曼出生在印度马德拉斯的提鲁契腊帕里，父亲是教会学校的教师，讲授数学和物理。在英国殖民统治下，拉曼的家庭并不被人尊重，但他才智出众，成了当地的小名人。

14 岁那年，因为他聪明好学，地方当局推荐他上马德拉斯学院。院方见到前来报到的小孩，还以为地方上的公文搞错了。拉曼在入校考试中名列前茅，以优异的成绩踏进了学院大门。两年后他取得了文学学士学位和优秀学生奖章。又过了两年，他获得了硕士学位。

进入大学不久，他对光学和声学产生了浓厚兴趣。他的第一篇论文发表在 1906 年伦敦出版的《哲学月刊》上，题目是《论光束的散射》。大学毕业后，他想留校当助教，却遭到了学校董事会的反对。因为当时印度大学的教师差不多全由英国人担任，印度本土培养出来的大学生被人瞧不起。为了谋生，拉曼不得不改行当书记官。19 岁那年，拉曼战胜了大批竞争者，被印度总督府财政部录取为事务员。尽管这个职业很不称心，但他工作得很认真，俨然是个非常称职的小职员，可他的心却始终牵挂着既定的科学目标。几年间，他曾到好几个城市，不论何处，他都兢兢业业，还千方百计地到当地的实验室去进行课题研究。为了工作和研究两不误，他不得不抓紧生活，对时间的安排精确到了每一天的每一分钟。

拉曼在政府机关整整工作了 10 年，仕途上没长进，但他矢志不渝地坚持着自己的业余爱好，在光学和声学上的研究取得了惊人的进展。他曾于 1907

年在印度科学开发委员会的第一期学报上发表了题为"惠更斯次波的实验研究"的论文。在此后的 7 年中，这份学报不断地刊登他的论文。1912 年他获得了柯曾研究奖，1913 年他又荣获伍德伯恩研究奖章。由于印度当时是英国的殖民地，印度人倍受歧视，拉曼的研究成果当然遭到了冷遇。他的《光束传播论》在法国物理学会季刊上发表后，才引起各国学者的关注。

拉曼的《一种新的辐射》首次指出散射光中有新的不同波长成分，它和散射物质的结构有密切关系。这个现象后来被称为"拉曼效应"。此外，在振动、声音、乐器、超声学、衍射、气象光学，胶体光学、光电学和 X 射线衍射等领域，拉曼也都做出了重大贡献。

善于化解阻力的化学家波施

波施（1874—1940），德国化学家。因发明和开发了高压化学方法，实现了工业化合成氨，于1931年获诺贝尔化学奖。

波施出生在德国科隆。父亲经营着一家金属制品商店。在商店旁边有家小工厂，小波施觉得那是最好玩的地方，那里有钳工、木工的各种工具，师傅们经常教他怎样使用这些工具干活，小波施慢慢地也显得很在行了。

父亲为波施的好学而高兴，他希望波施能够继承自己的事业。可是到上中学时，波施渐渐对化学产生了兴趣。他想自己装备一间实验室，这需要不少试剂和设备，于是他开始一点点积攒零钱。有时候他在商店里帮着干些活，父亲付他一点小钱。他还通过其它的一些手工活，赚了一些辛苦钱。虽然手里的钱增加得很慢，但最终还是攒了几马克，他心里很快乐。

波施攥着这笔钱到了仪器店，烧杯、试管、加热器、试剂等等挑了一大堆。店员把这些东西整整齐齐摆放在篮子里，随即递过账单来："波施先生，总共15马克80芬尼。"波施听了这话，脸都变白了，不由得把手心里几个马克攥得更牢了。他尽量保持平静说道："请您把这些东西和账单送到我家里，肯定会付您钱的。"母亲见到账单大吃一惊，这个数目相当于全家一个月的生活费。但碍于面子，只好如数付了钱，母亲心中盘算着要好好教训波施一顿。

波施知道母亲已把钱付了，高兴得跑回家去，挽起母亲的手臂，告诉她自己是如何为化学中的难题焦急不安，又如何钦佩那些发明创造，还说将来他也要大有作为。波施的恳求打动了母亲，但是却说服不了严厉的爸爸。父亲还是坚持要波施去学习冶金专业，并安排他在进大学前去工厂实习一年。波施在模型工、铸工、钳工车间都干了一遍，无论哪个工种的活计他都做得又快又好。最后他参加了实习考试，考试内容是做一个铸件的模型，他获得了满分。波施非常高兴，因为他在忙活爸爸的安排时，自己的小实验室也悄悄开工了。

1894年，他进了一所工业专科学校，两年后转入莱比锡大学，在著名化学家奥斯特瓦尔德的指导下，开始了向化学高峰的攀登。当时合成氨工业因催化剂昂贵而发展受限，波施决心研究一种廉价易得的催化剂。他对各种金属矿物进行比较分析，最后发现天然磁铁矿具有良好效果。经过两万多次实验，终于得到了理想的含有少量其它金属的铁催化剂，极大地促进了合成氨工业的普及和发展。

提出"测不准"原理的海森堡

海森堡（1901—1976），德国物理学家。因创立量子力学和应用该理论发现氢的同素异形体，获得了 1932 年度诺贝尔物理学奖。

海森堡出生在德国杜伊斯堡大学的校园里。父亲是大学里一位颇有成就的历史学家，亲戚们也都是当时德国著名的科学家。

父亲希望海森堡长大后也成为一名历史学家。但是，有着得天独厚的学习环境的海森堡，从小就对知识有了自己的思考和选择，他对物理化学似乎有着天生的爱好。

10 岁那年，有一天学校放学后，别的孩子都回了家，可是到了晚上仍不见海森堡的影子。父母亲只好到处寻找，最后在学校的实验室里找到了他。原来，他被课堂上的一个物理实验迷住了，以至忘了回家。

海森堡顺利地考入了著名的慕尼黑大学。1923 年，当他获得博士学位时，年仅 22 岁。海森堡虽然年轻有为，却十分谦逊好学。他对前辈的理论勇于提出自己的看法，这一独立思考的特点深为权威学者们所赏识，并成为海森堡日后成功的主要原因。

有一次，哥廷根大学物理研究所玻恩教授在慕尼黑大学讲学。课后，海森堡给他递上了一张纸条，并且谦虚地说："这是我对先生研究的原理提供的一点心得。"玻恩教授没有把这张纸片当回事，只是把纸片装进口袋里，便急匆匆地离开了。回去后，玻恩教授无意中翻出了海森堡递给他的纸片。他仔细一看十分吃惊，没想到这个"毛孩子"竟能提出那么深刻的见解，而且涉及的正是他研究不透的原理。玻恩教授对这位青年人感叹不已。后来，他坚决邀请海森堡到哥廷根大学担任自己的助教。

不久，海森堡获得了洛克菲勒基金会的助学金，到丹麦哥本哈根大学进修。他的导师是丹麦著名的物理学家玻尔。这使海森堡在学术上又大大地向前迈进了一步。当时正是原子物理学迅速发展的时期，海森堡在长期考察和反复论证的基础上，发表了著名论文《量子论中运动学和力学的形象化内容》，第一次提出了"测不准"原理，对阐明量子力学的物理内容做出了重要贡献。他因此于 1932 年荣获诺贝尔物理学奖。

神经生理学科的"牛顿"谢灵顿

谢灵顿（1857—1952），英国神经生理学家。由于在神经元功能研究方面的杰出贡献，获得了1932年诺贝尔生理学及医学奖。

谢灵顿生于英国伦敦。他幼年丧父，母亲改嫁给罗斯医生。这个新的家庭喜好收藏名画、书籍和地质标本，是艺术家和学者经常聚会的地方。谢灵顿受到家庭的影响，从小兴趣广泛，多才多艺，而且有些多愁善感，富有同情心。

谢灵顿中学毕业时，家境每况愈下，为了让两个弟弟先上大学，他服从了继父的安排，到伦敦圣托马斯医校学习。在这期间，他博览群书，尤其是著名生理学家米勒的《生理学要素》等著作，给他留下了深刻的印象。他开始设计自己的将来。

他在剑桥大学凯尤斯学院攻读生理学期间，不仅专业学习成绩优异，而且喜爱读诗、写诗和写文章。体育活动也是他的爱好，他喜欢打橄榄球、划船、溜冰、滑雪及跳伞。他被公认为是学校里出类拔萃的学生。老师对他的评价是：他的兴趣爱好和知识结构，使他的思维非常活跃，思路非常开阔，思想非常丰富。

谢灵顿去欧洲大陆深造。在戈尔茨、魏尔肖和科赫等著名学者的指导下，他在生理学、形态学、组织学和病理学等方面受到了扎实的训练。谢灵顿有强烈的求知欲，在解决疑点时，他不怕险阻，迎难而上。听说西班牙的一位医生发明了一种疫苗，可以治疗当时肆虐欧洲的霍乱，他毅然与导师一起冒险去西班牙考察。他们受到了西班牙军队的非难，交了钱才允许进入疫区。在疫区，他们受到暴民围攻，石子不时地在头顶呼啸，直到英国领事出面才给他们解了围。为了攻克难题，后来他又独自去意大利疫区考察亚洲型霍乱，更是历经磨难，在理论和实际方面，学到了许多学校所学不到的知识，也为他日后的提高和发挥奠定了基础，并创造了优越的发展条件。

1887 年，谢灵顿被任命为伦敦圣托马斯医学院生理学讲师，从此开始了他的教学和研究事业。1906 年出版了他的著作《神经系统的整合作用》。这一著作在生理学上的地位，相当于牛顿定律在物理学上的地位，经过后人的反复实验和长期实践证明，谢灵顿的理论成为神经生理学的经典。

博学多才的科学家薛定谔

薛定谔（1887—1961），奥地利物理学家。因创立波动力学，为量子力学的发展做出了巨大贡献，获得 1933 年度诺贝尔物理学奖。

薛定谔出生于奥地利首都维也纳。受过良好教育的父亲继承了家族的油毡工厂。父亲注意诱导和开发薛定谔的智力，愿意满足孩子的好奇心，培养他对大自然的广泛兴趣。

薛定谔 11 岁时，进入维也纳高等专科学校所属预科学校。薛定谔的天赋和学习能力很快在学校中表现出来。他喜欢数学和物理，讨厌死记硬背那些人物传记中的年代和历史事件等。薛定谔在学校里成绩总是名列前茅，因为他知识广泛，老师的提问他都能回答。他不是那种花上大量课余时间闷头苦学的人，他能立即抓住老师讲解的关键，马上做出习题，不用等到回家去进一步求解。他把大量富裕的时间用来学习他喜欢的英语、希腊语和拉丁语。

他对古希腊哲学非常感兴趣，班里有一本《希腊研究备忘录》的笔记本，在上面，薛定谔简要记叙了希腊哲学从米利都的泰利斯到柏拉图的发展。薛定谔兴趣广泛，多才多艺。除了参加体育活动，他还醉心于戏剧演出，看戏入迷，是城市剧院的常客和忠实观众。他对文学的爱好不仅表现在喜欢阅读，而且还自己动手创作。他于 1949 年出版过一本个人诗集。他还把古希腊诗人荷马的著名史诗译成英文，或把法国古普罗旺斯的诗歌译成德文作为休息和消遣。他在演讲中能根据不同国籍的听众用德、英、法、西 4 种不同语言来表达。

由于他的博学多才，因此在研究中他能高屋建瓴地将深奥的问题分析透彻，能将复杂的现象解剖得简单明了。也许正因为他的知识丰富，所以做起学问来显得并不吃力,甚至还能有大量的精力轻松地涉及其他领域。1944 年,薛定谔把他的科普讲座稿整理成一本小册子《生命是什么——活细胞的物理学观》。书中,他预言生命科学的理论与方法正面临着重大的突破,生命科学的研究将深入到分子的水平。这本书产生了广泛的影响,一大批年轻人被吸引到生命科学的学习与研究之中。这本书因此被称为"给生物学界以革命的契机"。

他完整地构造起量子力学中的波动力学体系,并在统计力学、广义相对论和宇宙学、统一场论等几乎所有当代理论物理学前沿都颇有造诣,甚至在生物学、生理学和气象学方面他也产生过重要影响。同时薛定谔又是一位哲人科学家,他撰写了许多哲学论著。

创立染色体遗传理论的摩尔根

摩尔根（1866—1945），美国生物学家，因创立染色体遗传理论，1933年获得诺贝尔生理学及医学奖。

摩尔根出生在美国肯塔基州，父母亲都出身于南方名门望族。虽然由于南北战争中南方的失败，家境已经衰落，但父母亲仍然非常重视对他的教育。

在青少年时代，摩尔根就表现出鲜明的个性，他喜欢大自然，对动植物有强烈的兴趣和好奇心。他曾用几个夏天的时间，到肯塔基州和西马里兰州的乡间、山区观光游览，搜集了许多化石。在肯塔基的山区，他还同美国地质勘察队一起工作了两个夏天。在他反复要求下，父母同意把家中的两个房间作为他的专用"博物馆"。他自己动手刷油漆，糊墙纸，把两个房间重新装饰一番，在里面摆满了他制作的鸟、蝴蝶和其他小昆虫的标本以及化石、矿石等等。正是这种对大自然的兴趣和好奇心，驱使他去探索自然界的奥秘，并且在艰苦的科学研究工作中获得了极大的乐趣。

他在肯塔基大学取得了动物学学士学位。后来，在形态学家布鲁克斯教授指导下从事形态学研究。他完成了论海洋蜘蛛的博士论文，获得哲学博士学位。

摩尔根逐渐摒弃了当时颇为流行的单纯描述性解剖学的研究方法，运用了实验与分析的方法。摩尔根在20世纪初开始研究遗传学，他选择了果蝇做实验动物。果蝇每个细胞只有4个染色体，并有一些容易观察的特征。一晃两年，他做了许多实验都失败了。面对着实验室中一排排的果蝇实验瓶，摩尔根略带伤感地对朋友说道："过去两年我一直在喂果蝇，但是一无所获。"

然而，功夫不负有心人。有一天，摩尔根在红眼的果蝇群中发现了一只异常的白眼雄性果蝇。这只果蝇是罕见的突变品种。摩尔根激动万分，将这只宝贝果蝇放在单独的瓶子中饲养。每天晚上，摩尔根带着这只果蝇回家，睡觉时将实验瓶放在身边，生怕果蝇出现意外。他把它同红眼睛雌蝇一起饲养。结果，后代中出现了白眼睛，而且全是雄性。摩尔根认为，染色体携带一系列遗传因子，他把这种因子称作基因。

1928年，摩尔根发表了名著《基因论》，提出了染色体是基因的载体。摩尔根的学说对世界产生了广泛的影响，为预防和治疗遗传病开辟了道路，也给分子生物学的产生和发展准备了条件。

在帐篷里读大学的重水之父尤里

尤里（1893—1981），美国化学家、物理学家。因发现氘（重氢，氢的同位素）而获得 1934 年诺贝尔化学奖。

尤里生于美国印第安纳州的沃克顿。6 岁时，父亲去世，继父帮助尤里完成了幼年的教育。中学毕业后，尤里没有学费上大学，只好在乡下的一所学校里当了 3 年的教师。

上大学之后，困扰尤里的仍然是经济问题，为了节约开支，他没有租公寓住，而是在学校的一处空闲地上搭了一个简易帐篷，春夏秋冬在里面学习和生活。他还尽可能的利用假期到外面去做工以解决学费不足。

1921 年，他进入加利福尼亚大学攻读博士学位，他的指导教师路易斯曾预言自然界存在着原子量是普通氢原子量两倍的氢的同位素，这一观点对他发现氘起了推动作用。他的博士论文就是研究双原子气体性质的，他以优异的成绩取得了博士学位。他得到了奖学金去丹麦哥本哈根大学理论物理研究所，专门研究原子结构理论。

1931 年，物理学家伯奇和天体物理学家门泽尔提出了有关氢同位素的假说。尤里立即开始设计寻找氢同位素的实验，他设计了用分馏的方法来找氢同位素。通过光谱分析，终于在液氢里发现了氢的同位素——氘。氘也被称做重氢。

大约五千个氢原子中才有一个重氢。重氢与氧原子结合，就生成比普通水重 10% 左右的重水。重水在原子核反应堆里能降低中子速度，是最好的中子减速剂。1934 年，尤里在发现氘之后的第三年，被授予诺贝尔化学奖。

第二次世界大战期间，尤里参加了美国政府研制原子弹的"曼哈顿计划"。尤里在同位素化学方面的丰富知识，对生产原子弹起了很大作用。但是尤里坚决反对使用核武器，因为原子弹的巨大破坏力给无辜的平民带来了可怕的灾难。直到临终之前他还一再强调，原子能只能用于和平目的。

战后，尤里从事宇宙化学方面的研究。他研究了地球、陨石、太阳和其它恒星的元素及同位素，设计了模拟原始地球大气的成分和条件，他在甲烷、氨、氢和水蒸气混合物中，连续进行了一星期的火花放电，形成了十多种氨基酸。这说明在原始大气中产生蛋白质是可能的。尤里的实验为研究生命起源提供了一个方向。

开创了贫血病治疗的米诺特

米诺特（1885—1950），美国血液学家。因发现治疗恶性贫血的有效药物，于1934年获得诺贝尔生理学及医学奖。

米诺特出生在美国波士顿城。父亲虽然是一位医生，但家境并不富裕，中学毕业后便无法进大学继续读书了。

米诺特从小喜爱大自然，对大自然的一切都感到新奇。他很喜欢研究蝴蝶和飞蛾，还喜欢栽培蝴蝶花，甚至写过许多有关这方面的文章。后来逐渐受父亲影响又酷爱医学，立志要做个医学科学工作者。可是他没有钱交学费，出于无奈，他给哈佛大学写了一份入学申请书，上面明确地自我表白："父亲：本大学医学院医生；母亲：包送学生宿舍的牛奶。志愿：进入医学院读书，但付不出学费。公立学校毕业时，成绩并不优秀。但如准读医学，则学业必佳……"。他的直率和决心感动了校方，于是特许他入学当试读生兼图书馆管理员。

入学后，大多数时间要管理图书，他把管理图书当成开扩眼界，充实自己的大好机会。他如饥似渴地阅读各类书籍。由于他刻苦钻研，成绩优秀，很快被转为正式生。3年后在哈佛大学获得学士学位，4年后获得医学博士学位。为了偿清欠校方的教学实验费用，他又不得不到公立医院去当医生。

在行医过程中，米诺特接触到许多患恶性贫血的病人。当时，这是一种发病率较高，病死率也较高的严重疾病。米诺特看到了惠普尔关于动物肝脏治疗贫血的报告，开始专门研究肝脏和血液成分的关系。后来，米诺特在哈佛医学院结识了墨菲博士，墨菲博士也是研究肝脏的。他们研究了肝脏的药理作用，选择了用牛肝作为贫血患者的主要食物。发现许多病人服用后，一周内病情明显减轻，两个月内红细胞数增加到正常水平。他们又进一步研究测定肝脏中的有效成分，从肝脏组织中提取这些成分。他们先制成了口服制剂，然后又制成了可供肌肉注射的针剂。现在使用的肝精注射液便是在此基础上制造出来的。

米诺特等人经过反复研究和实践，终于找到了治疗恶性贫血的有效新药，为解除千百万贫血患者的痛苦做出了卓越贡献。米诺特是个善良的医师。他看病时，无论对富贵之家还是贫苦患者，一视同仁，当他领到诺贝尔奖金后，毫不犹豫地把奖金全部捐给了哈佛医学院。

为居里姓氏增添荣耀的约里奥·居里

约里奥·居里（1900—1958），法国物理化学家。因发现人工放射性元素，获得人造同位素，在核裂变的研究中取得重大成就，与妻子伊伦娜·居里共同获得1935年诺贝尔化学奖。

约里奥出生在法国巴黎，父亲是棉布批发商，家中生活富裕。约里奥是6个孩子中最小的一个，生他时父亲已57岁，母亲已45岁。他一出生便成了全家的骄子。父母的疼爱和全家的关注成了约里奥每一天的生活内容。

10岁时，他进入一所贵族学校读书。学校的学风并不好，玩气甚浓。相同的家庭背景和相似的家庭教育，使这些学生身份的纨绔子弟沉迷于钓鱼、打猎、打网球和舞会。学校成了他们的交际场所，对学习不太感兴趣的约里奥很自然地融入了他们中间。每逢周末舞会，总能看见他周旋在女生群中的身影。约里奥喜欢体育运动，尤其爱好足球，曾代表法国队，赴英国参加比赛。他还喜欢在浴缸里搞点化学实验，经常把浴室搞得一团糟。他无忧无虑地在学校里过了7年。

1914年，第一次世界大战期间，约里奥的哥哥在与德国人的作战中阵亡了。约里奥感到极为震惊，他突然意识到生命的宝贵和短暂。他悔恨自己虚度光阴，

约里奥·居里夫妇

决心彻底改变自己。他开始大量阅读书籍，特别是读了许多英雄人物的传记。在学习中，他看到了关于居里夫妇的介绍。居里夫妇的艰难历程和坚强精神使约里奥敬佩不已。他深深地感受到居里姓氏的无上荣耀，并渴望着有那么一天，在居里这个大家族的光环中也能有他的一份。他把居里夫妇的工作照片剪了下来，贴在镜子的上方，把居室变成了他的实验室，在居里夫妇的"注视"下，他进行了许多刻苦的尝试和新奇的实验。艰辛的工作使他体验到了从未有过的紧张和快乐。

几年之后他考入了居里夫妇工作过的巴黎理化学院，毕业时因成绩优异被朗之万教授推荐到居里夫人的实验室工作。约里奥如愿以偿地成了居里夫人的助手，两年后他与居里夫妇的女儿伊伦娜结婚。约里奥与伊伦娜一起发现了人工放射性，这是20世纪最重要的发现之一，为同位素和原子能的利用提供了可能，他们因此获得了1935年度的诺贝尔化学奖。

约里奥·居里夫妇在第二次世界大战期间是著名的反法西斯战士，约里奥曾担任世界保卫和平大会主席。他们夫妇领导建成了法国第一个原子核反应堆。由于常年累月使用放射性制剂进行工作，他们的健康受到损害，均英年早逝。

梦中实验成功的药理学家勒韦

勒韦（1873—1961），德裔美籍生理学家和药理学家。因发现神经末梢传递的化学物质，获得1936年诺贝尔生理学及医学奖。

勒韦出生在德国法兰克福。他考入施特拉斯堡大学医学院，毕业后在法兰克福市立医院工作。当时，人类的医疗水平还很低，像白喉、结核病等许多疾病都是不治之症，患者住在医院里往往只是等死。勒韦对当时的医疗现状感到非常失望，后改学药理学。

1902年，在英国伦敦大学斯塔林实验室留学的他，了解到肾上腺素可能是交感神经受刺激产生效应的真正因素。勒韦设想，刺激迷走神经或交感神经，或许会在其末梢释放出某种物质，从而把神经冲动传递给效应器官。这个问题一直萦绕在他的心中。

大约在1920年复活节前，勒韦做了一个梦，他在梦中设计了一个实验，但醒来后怎么也回忆不起梦中详细情节，他感到非常遗憾。对这个依稀记得的梦，他一直耿耿于怀。后来他又做了一次同样的梦，这次他趁自己还没完全忘记的时候，赶紧来到实验室。他按梦中的设计，将两只青蛙的心脏（连带迷走神经）从青蛙体中取出来，用玻璃管将其连接起来，管中灌了营养液。当刺激其中一只青蛙的迷走神经时（迷走神经的作用是减弱心脏的收缩），另一只青蛙的心脏跳动也跟着受到了明显的抑制。他像梦游般地完成了一个非常巧妙的实验，结果有了一个惊奇的发现：神经刺激很明显是被溶于玻璃管盐水中的某种化学物质传递过去的。通过这一简洁而有说服力的实验，勒韦证实了传递神经冲动的某种化学物质的存在。后来，经过英国生理学家戴尔博士证实，这种物质叫乙酰胆碱，是一种有机化合物。但是在勒韦做出这一发现之前，人们普遍认为，神经传递信息是通过生物电的形式实现的，勒韦的实验纠正了这一错误认识。此项开创性工作对于后人解释神经系统的生理过程有着非常重要的意义。

勒韦发现神经冲动传递的化学物质的实验设计，如此巧妙、简明，神奇和富有说服力，他一次又一次地坚持不懈，最终将自己潜意识中的实验设想，以梦的形式显示出来，并又按照梦里出现的实验过程实际进行操作，终于获得成功，取得了一次意义深远的科学突破。这已成为科学史上的一段神奇的传说。

为反对战争而制造原子弹的费米

费米（1901—1954），意大利物理学家。在他领导下，建立了世界上第一座原子反应堆，并参与了第一颗原子弹的制造。1938 年获得诺贝尔物理奖。

费米出生在意大利罗马的一个铁路工人家庭，排行老三。父亲跟随着铁路的建设，不断变换着工作地点，全家没有一个稳定的落脚点，过着动荡清贫的生活。

由于母亲身体差，费米被送到乡下寄养。当费米两岁半，母亲接他回家时，他已瘦得皮包骨头，嘴巴闭得紧紧的，像个小哑巴。他沉默寡言，在外人面前显得非常羞怯，从此费米形成了非常内向的性格。他哥哥却口齿伶俐，思维敏捷。爱思索的费米与聪明的哥哥在一起，常常会做出些让人吃惊的事。小学二年级时，费米与哥哥一起绘制了飞机发动机图纸，他们的绘图水平几乎达到了专业水平，兄弟俩还设计了一台能够转动的发动机模型。但费米的聪明才智常常被哥哥的表现所掩盖，父母经常表扬哥哥，忽视了费米的成绩。可是，费米不在乎别人表扬与否，他有自己的兴趣和爱好。他不拘言谈，但特别喜欢读科学书籍，这些书在他看来既能学到知识，又很有趣。

费米有一个叫波西克的小伙伴，也喜欢数学和物理，他们常常在一起玩陀螺。他们注意到，陀螺在高速旋转时总能保持轴心与地面垂直，在速度放慢时，总是与地面呈一定角度。这是什么原因？应该怎样用数学原理或物理原理来解释呢？为了解决陀螺运动的问题，他和波西克天天在讨论，在课本中找答案，向数学和物理老师请教，但都没有满意的答复。这件事激发了费米钻研科学的积极性，后来他通过研究回转仪原理，终于弄明白了其中的道理。

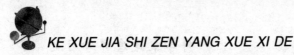

费米 25 岁成了罗马大学第一任理论物理学教授。20 世纪 30 年代后期，他开始研究原子裂变。由于发现慢中子效应，费米获得了 1938 年诺贝尔物理奖。为躲避纳粹迫害，他们夫妇移居美国。第二次世界大战期间费米主持没计了第一座原子反应堆，随后，第一颗原子弹试爆成功。虽然投向日本的原子弹制止了战争，但也在费米的心中留下了抹不掉的遗憾。

爱女成为首次使用磺胺药的多马克

多马克（1895—1964），德国药物学家。因发明了磺胺药获 1939 年诺贝尔生理学及医学奖。

多马克出生在德国勃兰登的一个小镇。父亲是小学教员，母亲是家庭妇女，家境十分清苦。因为家里没钱供孩子们读书，直到 14 岁时，多马克才上了小学一年级。多马克学习努力，后来以优异成绩考入基尔大学医学院。

第一次世界大战爆发，多马克不得不放弃学习，参军成为一名军医。战争结束后，多马克回到医学院继续学习。战场上的救治经验使他学习成绩非常突出，并顺利取得了医学博士学位。

1927 年，他应聘出任一家病理学和细菌学实验室的主任，做药物筛选工作。多马克把染料合成和新医药的研究结合起来，合成了一千多种偶氮化合物。多马克不厌其烦地逐个进行试验，感染链球菌的小白鼠一个一个死去，而盼望中的新药却没有出现。研究持续了 5 年后，奇迹终于出现。多马克把一种桔红色化合物给受感染的小白鼠注射之后，这些小白鼠康复了！

这是一种早在 1908 年就被用来给纺织品着色的桔红色化合物，商品名为"百浪多息"。多马克发现其药用价值后，又做了进一步的研究以用于人体。一天，多马克的女儿小玛丽的手指被刺破受了

感染，全身发烧。多马克心急如焚，用尽了各种良药，都无济于事。感染恶化成败血症，玛丽生命垂危。

多马克把玛丽伤口的渗出液和血液抹在玻璃片上，在显微镜下发现了他所熟悉的链球菌。他想到了桔红色"百浪多息"，但是"百浪多息"并未在人体上做过实验。他别无选择，在女儿身上做了首次试验。"爸爸……"女儿终于睁开了双眼。女儿得救了！

"百浪多息"是一种起死回生的灵药，而怀抱中的女儿，正是世界上第一个用这种药战胜了链球菌败血症的人。由于多马克创造性的工作，磺胺类药诞生了。这种药具有强烈的抑菌作用，在控制感染性疾病中疗效很好。多马克拯救了千百万人的生命！

他获得了 1939 年诺贝尔生理学和医学奖。但纳粹德国禁止德国人接受诺贝尔奖，并软禁了多马克，强迫他签名拒绝接受诺贝尔奖。软禁中的多马克没有放弃研究，他继续开发出了磺胺噻唑和衍生出的抗结核药物肼类化合物。

1947 年 12 月，诺贝尔基金会专门为德国科学家多马克补办了授奖仪式。

不知疲倦的探索者劳伦斯

劳伦斯（1901—1958），美国物理学家。因发明和制造回旋加速器，并用其产生人工放射性元素，获得了 1939 年度诺贝尔物理学奖。

劳伦斯出生在美国南达科他州的坎顿城。父亲毕业于威斯康星大学，任南达科他州州立师范学院院长。母亲是一位中学数学教师。

知识型的父母深受孩子们的爱戴和尊敬，也为家庭提供了良好的学习气氛和理想的学习条件。劳伦斯从小喜欢读书，家里的科学书籍使他学到了许多生物、化学和物理方面的知识。9 岁时，他就对电学产生了兴趣，常常琢磨着自己动手制作些简易的发报机、电动机、电话等装置。他还同他的小伙伴们一起收集废电池，给这些废电池充电，然后用来带动自己做的马达。后来，他和他的小伙伴图夫都成了非常有成就的物理学家。

劳伦斯因学习成绩优异，中学提前毕业，16 岁时便进入南达科他大学学习。在大学里，他的时间安排非常紧凑，从课堂学习到实验室做实验从不间歇。仅用了 6 个星期，他就学完了二年级的物理课程，除了专业课，他还选修了化学、动物学、经济学、地质学、电工学等等大学课程。大学四年级时，他还承担了一年级的数学课。大学毕业后，他仅用一年就完成了明尼苏达大学的研究生课程，获得硕士学位。他同样以很短的时间获得耶鲁大学哲学博士学位。他的学习效率受惠于他的时间观念。就在举行博士学位授予典礼那天，他依然把时间排得满满的，直到典礼前还在实验室忙碌。劳伦斯的生活节奏很快，有着超乎寻常的旺盛精力。难怪他的导师夸他是一个不知疲倦的探索者，浑身似乎总有一股使不完的劲儿。

他把精力全都用在了事业上。有一次，他和同伴一起去看电影。他把他的旧福特车停在电影院门口，一边找座位一边与同伴谈论着物理实验。电影放映时他依然在思考着他们的话题，因此电影一完，他们又接着刚才的话题谈下去，边走边说回到了实验室。两天后，他才发现自己的福特车不见了，可是他根本想不起来曾经把车停在了什么地方。

1929 年，劳伦斯首先提出了获得高速带电粒子的磁共振加速法，并制成了世界上第一台回旋加速器。回旋加速器为核裂变研究以及实际应用放射性同位素开辟了崭新的领域。

青霉素的发现者弗莱明

弗莱明（1881—1955），英国生理学家。因发明了青霉素，获得 1945 年诺贝尔生理学及医学奖。

弗莱明出生在英国的亚尔郡，父亲是个农民，家中有 8 个孩子，弗莱明是最小的一个。由于家境困难，他不能继续上学，16 岁便去一家船务公司工作。20 岁那年，姑母的一笔遗产才使他得以继续学习。伦敦大学医学院毕业后，他当过老师，参过军。他的出生以及经历，使他带着特殊的情感和责任，专心致志地长期从事医学研究工作。

弗莱明曾在战场上见到过许多伤员侥幸没有死于枪弹，最终却被无药可治的葡萄球菌感染夺去了生命。他决心找到能够杀死葡萄球菌的药物。弗莱明 11 平方米的实验室建在地下，潮湿的环境很容易滋生霉菌，因此培养物被杂菌污染的情况时有发生。一次，弗莱明发现又有一个培养皿中的葡萄球菌被绿色的霉菌污染了。按照操作的习惯，需要把污染的培养物倒掉，重新进行培养。可是细心的弗莱明没有轻易放过异常现象，他发现绿色霉菌群的周围没有了葡萄球菌。难道令人讨厌的霉菌能够产生杀死细菌的物质？他抓住了以前被忽视的问题。

弗莱明小心翼翼地将这种绿色霉菌培养起来。他开始不厌其烦地收集各种霉菌，自己或朋友家中发霉的乳酪、果酱、旧衣服、长统靴、鞋子、旧书或古董等等，统统成为他收集的目标。甚至连家里的所能找到的每样东西的灰尘，也都被他带回去进行培养。经过一系列实验，他终于弄清楚了这种绿色霉菌属青霉菌属，它不仅能杀灭葡萄球菌，还能杀灭白喉菌和炭疽杆菌。他给青霉菌产生的物质起名青霉素（亦称盘尼西林）。

青霉素对动物无毒性，对人体白血球也无毒性。他用青霉素给患者做试验，尽管其含量很低，效果却非常明显。1929年弗莱明把这一重大发现写成论文发表。但遗憾的是，医学界当时正兴奋地关注于刚刚问世的磺胺制剂，没有更多的人注意青霉素的诞生。弗莱明的这一重大发现竟被冷落在一旁。

第二次世界大战时，葡萄球菌又开始肆虐战场，青霉素被发掘出来，并且立即投入军队中使用，挽救了许多病人和伤员的生命。青霉素的临床效果得到了充分肯定，被人们誉为第二次世界大战的三大发明之一。

令爱因斯坦不可思议的泡利

泡利（1900—1958），奥地利物理学家。因发现"泡利不相容原理"，对原子结构的建立与微观世界的认识产生了巨大的影响，对相对论及量子力学的发展做出了杰出贡献，获得 1945 年诺贝尔物理学奖。

泡利生于奥地利首都维也纳。父亲是维也纳大学的化学教授，母亲是一位作家。泡利一家是天主教徒，他的教父是当时著名的物理学家和哲学家马赫。良好的家庭环境和早期教育为他的成长打下了坚实的基础。

泡利从小喜欢坐在书桌旁看书，各类书都看。他对物理学尤其感兴趣，很早就开始了系统的自学，并显示出了过人的才智和良好的悟性。他 12 岁时，有一次听著名物理学家索末菲教授的演讲，当索末菲教授问同学们是否听懂时，泡利举手答道："听懂了，只是除了您写在黑板左上角的那些。"十分惊讶的索末菲教授扭头看完黑板左上角那堆复杂的公式推理，微笑地点点头说："你说得对，我在那儿确实有个错误。"

上中学时，老师的讲授已经不能满足于他的理解力和旺盛的求知欲。勤奋的泡利不受学校功课的束缚，在课外接触到了爱因斯坦的广义相对论，他很快就被这门新兴的学科迷住了。老师对他在课堂上偷偷地阅读爱因斯坦著作的行为不置可否，对他所关心的问题更是不理解。19 岁时，泡利写出了一篇关于广义相对论理论和实验结果的总结性论文。在索末菲教授的推荐下，这篇论文被刊登在德国学术界著名的《哲学学报》上，当时距爱因斯坦发表"广义相对论"才三年。这次出名，震惊了学校，也给了泡利极大的鼓舞。

高中毕业后，泡利以优异的成绩考入慕尼黑大学，如愿以偿地成为索末菲教授的学生。他在广义相对论方面的苦心钻研，使得他成为学术名著《数理百科全书》中"相对论"章节的撰稿人。当时，科学界关注着问世不久的广义相对论，可又没有多少人能真正理解它，而要全面准确地介绍这一学科非常困难。泡利很快完成了长达 250 多页的综述文章。他不仅评述了广义相对论的数学基础及其物理意义，还在许多有争议的问题上大胆地发表了独特见解。爱因斯坦看后深感后生可畏，他赞叹不已地说道："读了如此成熟而富于想像力的著作，谁会相信作者只是一个 21 岁的年轻人。"这篇文章至今仍是阐述相对论的经典著作。

除了在相对论和不相容原理方面的贡献之外，泡利还有"泡利矩阵"、"中微子"的存在思想等等许多重要的科学创见。几乎在理论物理学的各个领域，他都有着巨大影响。

开辟实验遗传学新领域的缪勒

缪勒（1890—1967），美国遗传学家。因发现辐射能使果蝇基因发生突变，为实验遗传学开辟了新的领域，1946 年获得诺贝生理学及医学奖。

缪勒出生在美国纽约。父亲曾在德国学习法律，后来返回美国经营祖传的一家五金店，但父亲不善经商，店里的收入实在难以维持家里必需的开支。整个家庭始终处于破产的边缘。

虽然家里生活不富裕，但父亲却很注意培养缪勒对大自然的兴趣。周末他经常带缪勒去乡下游玩，假期时让缪勒沿哈得逊河旅行，还经常去参观博物馆。

8 岁那年，父亲带缪勒去国家自然历史博物馆参观。博物馆里陈列的许多马足标本展示了马足如何进化成马蹄的过程，这给小缪勒留下了深刻的印象。他明白了动物的器官和组织是怎样经过自然选择淘汰，逐渐发生变异的。后来，一个想法不时地在他脑海里浮现：既然自然界能发生进化过程，那么人类最终应该能控制这个过程，并使其逐渐地为人类服务。

缪勒一直对生物学非常感兴趣，童年时代他很喜欢收集各种昆虫和植物的标本，并且把这些标本仔仔细细地分类保存起来。在中学时期，他则做了大量的生物学笔记，详细地描述了蚱蜢、蜜蜂、蝴蝶、小龙虾和青蛙等小动物的身体结构和器官功能。他为了使学习效率更高，动了不少脑筋。因为要记大量的笔记，所以他专门为自己创造了一套速记符号。他将速记符号编辑成册，在小册子的说明中写道："我构造了它们，然后学会使用它们，慢慢地，但一定要扎扎实实地学会。我发现非常容易学，而且非常有帮助。"显然，他的这些学习窍门增加了他吸收新知识的能力。

缪勒除了喜欢生物学以外，对天文学也很热爱。上中学时，他帮助学校成立了纽约市第一个中学生科学俱乐部，并且发表了《比空气重的飞行》和《火星》的演讲。

　　缪勒考入哥伦比亚大学获得学士学位后，在威尔逊教授的指导下进行遗传学的研究。威尔逊教授在染色体对遗传的影响方面很有造诣，他很注意引导缪勒用遗传学的观点来解释生物学问题。缪勒在得克萨斯大学任教后，开始了在遗传学领域孜孜不倦的探索。

确认酶的性质的萨姆纳

萨姆纳（1887—1955），美国化学家。因分离并提纯了酶，并首次确认了酶的蛋白质特性，于1946年获得诺贝尔化学奖。

萨姆纳出生在美国麻省甘敦城。家境富裕，亲人们都希望他学业有成，出人头地，走做官的道路。

然而，萨姆纳在学习上成绩平平，除了物理和化学外，其他科目一点引不起他的兴趣。在生活上，他特别喜欢玩猎枪，到野外打猎是萨姆纳最喜爱的项目。因家庭条件优越，他经常邀上一帮同学外出打猎。萨姆纳枪法准，待人随和，同学们都爱同他一道去野外打猎玩耍。17岁那年，打猎时一个同学的猎枪走火，击中了他的左臂。医生不得不切除了萨姆纳的左前臂。面对

突如其来的残酷打击，萨姆纳的情绪一落千丈，几乎失去生活的勇气。待他冷静下来后，他决心面对现实，努力去走自己的路。

从此，萨姆纳开始试着用右手去做每一件事，在极为艰难的条件下，以超乎常人的毅力克服一个个难关。他坚持打网球、滑雪溜冰等，进行各种技巧和耐力的训练，以磨练意志，增强体质。靠坚强的毅力，萨姆纳考入了他心仪已久的哈佛大学化学专业。

为了向康奈尔大学医学院生物化学

教授福林求教，萨姆纳辞去麻省瓦西斯特工学院的职务，来到康奈尔大学。当独臂萨姆纳出现在福林教授面前时，福林教授感到惊讶。他压根儿也不曾想到，萨姆纳竟是一个残疾人。福林教授心想，化学研究离不开实验，而萨姆纳的手……

想到此，福林教授非常遗憾，又非常婉转地对萨姆纳说："我想，你还是改学法律吧。萨姆纳，因为……"

萨姆纳毫无退却的意思，他坚决地对福林教授说："不！我一定要攻读生物化学。福林教授，请答应我的请求吧。我不会让你失望的。"

福林教授最终留下了萨姆纳。

那时候，有关酶的研究领域，是一块尚未开垦的处女地。萨姆纳以惊人的毅力，顽强不屈地进行艰难的实验。

1926 年，萨姆纳首次通过实验方法，提取到尿素酶。与此同时，萨姆纳还发现酶可以结晶，并阐明酶的本质是蛋白质。这些成就，在化学、生物学及医学方面都具有非常重要的意义。提取纯尿素酶之后，萨姆纳又先后提取了辅酶、腊氧化酶和蔗糖酶。人称这三个酶为"三大工业要素"。

对问题深究不懈的布里奇曼

布里奇曼（1882—1961），美国物理学家。因发明产生很高压力的装置及利用这一装置在高压物理领域内所作出的贡献，获得了1946年度诺贝尔物理学奖。

布里奇曼出生在美国马萨诸塞州，父亲是一位新闻记者。布里奇曼18岁时考入哈佛大学，并在哈佛大学获得硕士学位，后又获得该校的哲学博士学位。

父母亲很重视小布里奇曼的教育，注意给他创造良好的成长环境。父亲常对他说："要想获得智慧，就要经常问个为什么，直到没有为什么可问了，你对那个问题才算有了比较全面的了解。"因此，布里奇曼从小养成了对各种问题深究不懈的习惯。在以后的科学探索上，越是未知他越是要弄个明白。他常说的一句话就是："我思索问题，能一直思索到使自己满意为止。"

布里奇曼对每个实验项目都亲自参加制作设备和仪器，甚至加工器械配件，吹玻璃瓶，钻孔打眼等，他也常常自己动手。他特别强调独立思考和独立操作，因为这是搞科学研究必备的素质。他不光从事物理研究，还发表了许多哲学著作，并且获得过数学霍利斯奖。

在当研究生时，布利奇曼开始研究高压技术。他将阿马伽的高压技术做了革命性的改变，一反传统的做法，采用了一种特殊的密封装置，其密封度可以随压强升高而加强。这样，高压装置就不会再受到漏压限制，而只受材料强度的限制。经过反复实验，他把压力提高到了每平方厘米10万公斤的高度，第一次成功地超过了每平方厘米3000公斤的阿玛加特压力极限。随后，他又把压力提高到每平方厘米50万公斤。

布里奇曼利用超高压装置研究了许多物质在超高压下的物理性质，发现了一些物质前所未知的特性。例如，把水置于一定的高压中，即使是在沸点时，水也会变成冰。他发现了干冰，并查出冰的变态不下 6 种。

布里奇曼致力于超高压研究五十多年，他所设计的高压密封装置几乎涉及所有的高压研究。在高压物理研究方面，布里奇曼留下了大量实验数据。这些数据是发展固态物理学的无价之宝。许多天然矿物的人造产品，如人造金刚石、翡翠等都是根据他的实验数据制成的。他被誉为高压物理学的奠基人。

探索大气电离层的先驱者阿普·顿

阿普顿（1892—1965），英国物理学家。因对大气高层物理性质的研究，特别是发现了阿普顿电离层，获得了1947年度诺贝尔物理学奖。

阿普顿出生在英国的布莱德福德。父亲是一个批发商，但家里生活并不富裕。11岁时，阿普顿得到了奖学金进入当地一所中学，16岁时又得到该市文法中学的奖学金，但父亲这时无力供他继续读书，阿普顿只好辍学，到布莱德福德技术学院当了一名临时实验室助手。他一边工作，一边准备考大学。18岁时，他终于获得了剑桥大学的奖学金，进入剑桥大学圣约翰学院。

阿普顿小时候喜欢打板球，他非常崇拜著名的板球明星郝斯特，模仿他的言行举止到了惟妙惟肖的程度，甚至打算将来当一名职业板球运动员。郝斯特在竞赛中的英勇顽强和坚定执著的作风，被阿普顿引以为自己的榜样，对他的一生有很大的影响。

在他读研究生期间，第一次世界大战爆发了，他入伍后被分配到通信部队，负责给军官们讲授无线电课程，从此开始了专注无线电的一生。战争结束后，他回到剑桥大学卡文迪许实验室，卢瑟福教授安排他检测α粒子。他深知无线电在军事上以及民用通信上是何等重要，他希望继续做无线电研究。

阿普顿认为，远距离的短波信号，只能由高空电离层反射传播。他决定利用电磁波的发射，来测定电离层的存在。1924年，他尝试着改变英国BBC广播公司发射机的频率，然后在剑桥大学记录下来所接收到的信号强度，以寻找沿地面直接传播的波与从带电粒子层反射回来的波发生干涉时信号的增强效应。剑桥大学的接收机接收到的信号完全证实了他的设想。关于存在能反射电磁波的大气电离层的假设便得到了验证。通过对电离层的进一步研究，阿普顿发现：在夜间，100 公里高处的电离层的反射能力大大降低。经过无数次的实验，他终于在 1927 年发现：约在 230 公里处还存在一个反射能力更强的高空电离层，后被命名为"阿普顿层"。

阿普顿的工作为环球无线电通讯提供了重要的理论依据，从此无线电事业进入了一个新纪元。阿普顿还开辟了对电离层以及该层受太阳位置和日斑活动的影响的研究领域。

深受中国哲学思想影响的汤川秀树

汤川秀树（1907—1981），日本物理学家。因提出一种新的基本粒子——介子理论，预言介子的存在，于 1949 年获诺贝尔物理学奖。

汤川秀树出生在日本东京。父亲是京都大学地质学教授，母亲是一个有知识的现代女性，她非常注重对孩子们的教育，注重培养孩子们的独立意识。

秀树从小就表现出独特的个性。他性情孤僻，不爱说话，不爱计较，非常能忍让，即便是受了委屈，也不愿意为自己辩解，家人曾给他起了个绰号叫"我不想说"，同学们则叫他"权兵卫"（无名小卒）。

酷爱文学的父亲，在秀树 5、6 岁时就请外祖父教他诵读中国的儒家经典著作《论语》、《大学》、《孟子》等；秀树中学时外祖父又教他读了《水浒传》、《三国志》、《老子》、《庄子》等。中国的四书五经等古典书籍是非常艰涩难懂的，秀树虽然不喜欢这强制性的灌输，但外祖父的严厉，不仅使他读得流利，背得顺畅，更重要的是秀树从小受到了博大精深的中国古代哲学思想的熏陶。

汤川秀树沉默的性格使他善于思考，精于推测。1933 年在大阪帝国大学当讲师时，他主要研究核力场理论。秀树睡眠很少，思考起问题来更是通宵不寐。他的枕头旁总放着笔记本，睡觉时如果突然来了灵感，便马上记在笔记本上。当时，人们已知道原子核和电子带有正、负电荷，构成原子，但是还不清楚质子和中子是以什么方式构成原子核的。

为了解开其中之谜，汤川在相当长的时期里，几乎每个晚上都是瞪着天花板度过的。他注意到，天花板上两个漏雨水痕的形状颇似树的年轮，年轮圈的中心部位有两个瘰疬，外边则形成了葫芦状的水痕。一天在打棒球时，望着手中准备投出去的棒球，他想起夜晚看到的"由两个瘭疬组成的葫芦状年轮"非常像易经中的阴阳太极图。中国古典哲学的思辩方式使秀树产生了一个大胆的假设：原子核中会不会存在一些相辅相成的微粒子，它们产生一种交换力、亲和力，使核中的质子和中子既可以相互作用又不相互排斥，共同构成了原子核呢？

汤川以《基本粒子的相互作用》为题，发表了有关介子学说的论文。1949 年，汤川秀树因此获诺贝尔物理学奖。

链霉素的发现者瓦克斯曼

瓦克斯曼（1888—1973），俄裔美籍微生物学家。因发现链霉素，大大提高了治疗结核病的有效率，1952年获得诺贝尔生理学及医学奖。

瓦克斯曼出生在乌克兰的普里卢基。后来，他随家人移居美国，进入拉特哥斯大学攻读农学专业。30岁进入加利福尼亚大学，专攻生物化学。获得博士学位后，瓦克斯曼回到拉特哥斯大学，从事土壤微生物研究与教学工作。

在人类历史中，结核病一直像恶魔似的纠缠着人类，19世纪中叶，欧洲四分之一的人口死于结核病，那时人们把它与可怕的鼠疫（俗称"黑死病"）相提并论，称之为"白色瘟疫"。1924年，瓦克斯曼所在的研究所接受了一项科研任务：研究结核杆菌进入土壤后的去向。他的助手经过3年研究，确认结核杆菌进入土壤后最终被消灭干净了。看着这个报告，瓦克斯曼陷入了沉思。他想，土壤中究竟是什么东西能够消灭结核杆菌？找到这种东西，不就找到了治疗结核病的方法了吗？但是土壤中存在着各种各样的微生物，它们的种类有成千上万种，而且杂居在一起，要找出某种可以杀死结核菌的"武器"，无异于大海捞针，绝不是一件轻而易举的事情。

瓦克斯曼

瓦克斯曼下定决心，无论付出什么样的代价，也要把这种微生物找出来。他不分昼夜地呆在实验室里，每天做着重复的、烦琐的、枯燥的分离鉴定工作。他像"查户口"一样，对土壤中的"居民"挨个检查，按照它们的生长特性用不同的培养基培育，然后取出它们的分泌物，分别做抑菌和杀菌实验。十多年过去了，他们鉴定的微生物超过了 500 种，1940 年超过了 2000 种，1941 年超过了 5000 种，1942 年达到了 8000 种。在将近二十年漫长的实验过程中，多少人都劝瓦克斯曼放弃实验，但瓦克斯曼是不会动摇自己的决心的。到 1943 年他们鉴定的微生物已达到了 1 万多种！

　　功夫不负有心人，经过长期艰苦细致的劳动，瓦克斯曼终于找到了一种灰色放线菌。这种放线菌的分泌物能够杀死结核杆菌，而且毒性很小。经过动物实验和病人的临床实验，它的神奇疗效得到了证实。他们把这种物质命名为链霉素。在著名细菌学家科赫发现结核杆菌 61 年后，结核病终于被彻底征服了！

探索真理坚持正义的鲍林

鲍林（1901—1994），美国著名的量子化学家，他在化学多个领域做出了重大贡献。1954年获得诺贝尔化学奖，1962年获得诺贝尔和平奖。

鲍林出生在美国俄勒冈州波特兰市。父亲是一位普通的药剂师，母亲身体多病。家中经济收入微薄，居住条件也很差。

聪明好学的鲍林大约10岁时认识了父亲的朋友、心理学教授捷夫列斯。捷夫列斯教授在实验室里给小鲍林做了许多有意思的化学实验，使鲍林萌生了对化学的兴趣。鲍林读中学时，各科成绩都很优秀，尤其是化学成绩一直名列前茅。在爱好的驱使下，他和同学一起开了一所化学实验室，在名片上标明他是一位化学家。也许因为他们年轻了，实验室的生意并没有像他们想像的那样兴隆，不久就关闭了。课余时间他还做过冲洗照片的工作。

鲍林考入大学后，靠勤工俭学维持学习和生活，他当过化学老师的实验员，在四年级时还当过一年级新生的化学辅导员。在艰难的条件下，鲍林刻苦攻读。1922年，鲍林以优异的成绩大学毕业，当年考取了加州理工学院的研究生，导师是著名化学家诺伊斯。诺伊斯擅长物理化学和分析化学，对学生循循善诱，和蔼可亲。诺伊斯告诉鲍林，要注重独立思考，同时要研究与化学有关的物理知识。诺伊斯十分赏识鲍林，并把鲍林介绍给许多知名化学家，使他很快地进入学术氛围中。鲍林系统地研究了化学物质的组成、结构、性质三者的联系，同时还从方法论上探讨了决定论和随机性的关系，最后以出色的成绩获得化学哲学博士。

鲍林把化学研究推向了生物学，他花费了很多精力研究生物大分子，特别是蛋白质分子空间构像，成为分子生物学的奠基人。

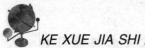
　　鲍林坚决反对把科技成果用于战争，坚决反对核战争，并号召科学家们参加和平运动。为此，鲍林曾遭到美国政府的打击和迫害，甚至他的人身自由也受到了限制。1954年，鲍林荣获诺贝尔化学奖以后，美国政府才被迫取消了对他的出国禁令。

　　1955年，鲍林和世界知名的大科学家爱因斯坦、罗素、约里奥·居里、玻恩等，签署了《科学家反对核实验宣言》。在短短几个月内，就有49个国家的11000余名科学家签名。

　　由于鲍林对和平事业的贡献，他在1962年荣获了诺贝尔和平奖。

为量子力学研究做出贡献的玻恩

玻恩（1882—1970），德国物理学家。因在量子力学方面的基本研究，以及波函数的统计解释，获得 1954 年度诺贝尔物理学奖。

玻恩出生在德国西里西亚省著府布雷斯劳。父亲是布雷斯劳大学医学系解剖学和生理学教授，外公是工厂主。

玻恩成长在一个有教养的家庭里。他常和姐姐一起去观看父亲的实验，当父亲与教师和朋友们进行谈话时，他们就在一边听，这些谈话对像中有著名的化学家、微生物学家和医生。随着母亲的去世，家庭发生了很大变化。玻恩逐渐脱离了家庭生活。他对陌生的学校似乎不太适应，对学习也没有多少兴趣。因此在小学和中学时期，他表现得平平常常，学习成绩也只是中等水平。他经常对姐姐谈起无聊的教室和乏味的老师，跟姐姐一起回忆以前的家庭气氛。天真的玻恩感受着压抑和沉闷，但又不知该如何往前走。他渴望着良师益友的出现。

1901 年，玻恩进入大学预科学校学习。他的数学教师不仅是一个卓越的教师，而且是一个聪明的实验家，一个很善良的人，他同时还教玻恩的物理学和化学课。玻恩非常愿意接近这位和蔼可亲的老师，受到他的感染，对物理学产生了浓厚的兴趣。他经常与另一位男生一起，协助老师做马可尼的无线电通讯实验。他们终于成功地把电磁波信号从一个房间传到了另一个房间。玻恩非常兴奋，激动地将消息告诉了姐姐。

父亲曾告诫他在大学中应先试听各学科的讲课，一年以后再作选科的决定。大学第一年，玻恩制定了庞大的学习计划，他的选课特别多，包括物理学、化学、动物学、哲学、逻辑学、数学和天文学。他还抽空阅读了了许多社会科学理论，其中有马克思和其他社会主义者的著作，还有康德和黑格尔的哲学。哲学的启蒙教育不仅使他的思想方法开始成型，也使他的思想认识日趋深刻。

玻恩对天文学和数学尤其感兴趣。著名天文学家弗兰兹对玻恩产生了很大影响。尽管学校天文台只有几台老式望远镜，他们只能数着大钟的响声，估算着十分之几秒的时间差，但玻恩跟着弗兰兹不仅学会了精确的计算方式，也学到了脚踏实地，基础牢靠的治学态度。

敢于以自己的心脏做试验的福斯曼

福斯曼（1904—1979），德国医学家。开发了诊断和治疗心脏病的心导管术，获得 1956 年诺贝尔生理学及医学奖。

福斯曼生于德国柏林。从小独立性和自理能力就特别强，考入柏林大学医学院后，他一直靠打工维持自己的学业。

医学院毕业后，福斯曼来到德累斯顿的一家医院做泌尿外科医生，经常使用导尿管。在抢救病人的过程中，他看到因为不能迅速地把抢救药物输入病人体内，而延误抢救时机的事情。有时虽然经胸壁穿刺直接将药物注入心脏，但往往造成心肌损伤或血管堵塞，危及病人生命。他想到，在紧急情况下，能不能把导尿管改造成心导管，通过导管迅速直接地把药物输入心脏呢？他马上开始进行试验。起初他在尸体上试验，发现导管能很容易地从前臂静脉进入心脏，证实了其可能性。他决定在自己身上进行这种试验。

当时的德国禁止做自体试验，福斯曼"疯狂"的想法受到了上司的严厉训斥。福斯曼只好请同事帮忙，但别人深知试验风险很大，会出生命危险，都拒绝了他。最后，他说服了一位护士在自己身上做试验，帮他把导管刺入自己的静脉。1929 年，在第一次实验中，导管进入了他的静脉 35 厘米后，护士害怕急忙把导管拔了出来。福斯曼的决心没有动摇，一周后，他开始了第二次实验。为了避免半途而废，他决定自己充当"手术者"。往 X 光照射下，确信导管已进入自己的心脏后，福斯曼带着插在心脏内的导管，上下两层楼梯，又走过弯弯曲曲的走廊，再回到实验室，X 光检查导管仍在右心房，他没有感到任何不适。

随后，他又在自己身上进行了 6 次实验，证实了心导管术对人体无害。

1930 年，福斯曼在活狗身上进行了心血管造影术。他还将插入右心的导管斜穿过右心房进入下腔静脉，直接收集肝脏的血液，进行代谢的研究，为研究循环系统的病理变化开辟了新途径。

　　由于当时许多人包括医学界的权威都认为福斯曼的实验既危险又荒唐，更有人将他的实验讽刺为"这种戏法只配到马戏场上去表演"。他不得不放弃了自己的研究工作，离开了原来的医院。福斯曼的研究成果被美国的理查兹和库尔南注意到了，他们改进和发展了心导管术的临床应用，福斯曼的理想终于实现了。

第一个获得诺贝尔奖的华人杨振宁

杨振宁 1922 年生，华裔美国物理学家。因发现在基本粒子的弱相互作用中的宇称不守恒定律，与李政道共同获得 1957 年诺贝尔物理学奖。

杨振宁出生在安徽怀宁。出生后不满周岁，父亲就考取了公费留学生去美国留学了。留在家里操持家务的母亲开始边纠正他的左撇子，边教他汉字，一年多时间学了三千多个字，左撇子却始终无法彻底改正。

父亲留学归来，先后任厦门大学和清华大学数学教授。杨振宁跟父亲学了许多知识。父亲虽然发现了他的数学天赋，但也发现杨振宁的手工课把小鸡做成了一段"藕"，动手能力有待提高。父亲对于这个"似有异禀"的儿子没有拔苗助长，而是非常注重对他进行全面教育和素质培养。父亲在与他进行数学问题的探讨时，也有意识地加强他的中国文化知识教育，除了亲自教读唐诗，还在假期中请了历史系的学生教他四书五经。学识丰富的历史系高才生不只教《孟子》，还给他讲了许多教科书上从来没有的历史故事。所以中学时的杨振宁不仅可以通篇背诵古文，还对语文和历史产生了浓厚的兴趣。以至功成名就之后，他仍在为没能从事历史研究而深感遗憾。

16 岁他随父母迁往昆明，考入西南联大。1945 年考上公费留美生赴美。23岁的杨振宁刚刚到达纽约，就去了哥伦比亚大学，但物理系的秘书竟然没有听说过他要寻找的那位导师。原来，那位享有盛誉的导师此时正因为参与制造原子弹而被美国政府藏了起来。杨振宁又去了普林斯顿大学，结果同样令他失望。经过长途跋涉，他终于在芝加哥大学实验室里找到了仰慕已久的物理学家——费米教授。从此，著名的费米教授成了杨振宁的老师。

1949 年，杨振宁进入普林斯顿高等研究院做博士后，开始同李政道合作进行粒子物理的研究工作，其间遇到许多令人迷惑的现象和不能解决的问题。他们大胆怀疑，小心求证，最终推翻了宇称守恒律，使迷惑消失，问题解决。杨振宁在 1957 年诺贝尔致谢辞中这样说道："那时候，物理学家发现他们所处的情况就好像一个人在一间黑屋子里摸索出路一样。他知道在某个方向上，必定有一个能使他脱离困境的门。然而那个门究竟在哪个方向呢？"

杨振宁对物理学的贡献范围很广，其中包括粒子物理学、统计力学和凝聚态物理学等。杨振宁时刻铭记着父亲要他报效祖国的家训："有生应记国恩隆。"

获诺贝尔奖最年轻的华人李政道

李政道 1926 年生，美籍华裔物理学家。1957 年与杨振宁共同获得诺贝尔物理学奖。他们的主要贡献是否定了基本粒子在弱相互作用中的宇称守恒定律。

李政道出生于上海。父亲毕业于金陵大学，是个有头脑的商人。母亲毕业于上海启明女子中学。

李政道从小就十分喜欢读书，成天沉浸在书本中。只要有书，就什么都不顾了。一次他在上海英租界乘电车，因读书入迷，下车时，避让不及撞到了一个外国人身上。傲慢的外国人招来了租界上的外国巡捕，抓住了李政道。巡捕反背了李政道的双手，竟让那个外国人打了他一顿。那时李政道才 13 岁，他一辈子都没有忘记此事所带给他的伤痛。

他 15 岁时，日军侵占了上海。兵荒马乱，世道艰难的日子，更使父母亲意识到教育孩子的重要。所以不管现实如何混乱，他们还是下决心将李政道和他的两个哥哥一起送到了浙江嘉兴的秀州中学。李政道和小哥哥们开始了枪炮声中的学习。随着战火的迫近，为了寻找安静的书桌，父亲又把他们三兄弟送到了江西赣州的联合中学。江西的生活非常艰苦，父母亲又都不在身边，他们除了学习还要互相照料。但大后方的和平，使酷爱学习的李政道感受到了难得的安宁。他不觉得困难和不适应，只是如饥似渴地学习着，成绩非常突出。

有一天，李政道被学校训导主任叫到了办公室。两个哥哥听到消息，立即赶去相助。因为在那段大人不在的日子里，他们几乎就是父母，他们生怕弟弟会出问题。训导主任和颜悦色地表扬了李政道的学习成绩，并很认真地与他商量，由他来代理教低年级的数学和物理。原来，李政道刚到学校不久，他的学习表现就成为佳话，传遍学校。就这样，李政道走上了中学的讲台。他以自己初学时的感觉，反复从不同的角度来讲授概念和习题，浅显易懂，同学们很喜爱这位小老师。两个哥哥离开江西后，他仍然在学校坚持着教和学。

1943 年，17 岁的李政道离开江西，准备报考迁到贵阳的浙江大学。一路上他主要靠步行，衣食全无保障，又遇瘟疫流行，历经艰辛，没有小学和中学文凭的李政道，终于以同等学历的资格考取了浙江大学物理系。由于日军的入侵，他又辗转到了西南联合大学。在美国芝加哥大学时，遇到了西南联大的校友杨振宁，两人共同开启了华人通向诺贝尔奖的大门。

从课外阅读到制造原子弹的赛格雷

塞格雷（1905—1989），意大利裔美国物理学家。因证明了反质子的存在，与张伯伦共同获得了 1959 年诺贝尔物理学奖。

塞格雷出生在意大利蒂沃利市。父母亲都是犹太人，叔叔、伯伯都是意大利国家科学院的院士。他是家中最小的孩子，当他出生时，两个哥哥已经读大学了。

两个哥哥对小弟弟非常疼爱和关照，时时地帮助他，启发他，热心地带他玩，耐心地教他学。所以塞格雷很小的时候就接触到了哥哥们所学的专业知识和各种学习用具。他有意无意经常听到的也是哥哥们关于专业的讨论。与哥哥的这些交往对塞格雷日后的学习起了潜移默化的影响。他的叔叔伯伯也经常带他去参观实验室，并且送给小塞格雷许许多多的专业书籍。

塞格雷五六岁时开始认字，他的启蒙读物大都是一些科学方面的书籍，如《趣味科学》之类的科普杂志。他 7 岁时有一本学习笔记本，封面上端端正正地写着"物理"，笔记里用孩子的口吻描述了他所做的简单的物理实验。

由于兄弟年龄的差距和学者家庭的氛围，塞格雷从小就被成人教育和科学信息包围，使他很快就蜕去了幼稚和天真，显得老成起来。命运注定了他的小科学家的生活道路和被科技之光感召的人生目标。在他 12 岁时，战争迫使他们全家迁往罗马。进入中学的塞格雷感到课堂学习非常枯燥，因此常常会带一些他觉得有趣的课外书到学校去。他特别喜欢看几何书，觉得做起习题来就像玩拼字游戏一样有趣。为了能看懂科学原著，他还自学了英语、德语，在那些无聊课上，他悄悄读完了格拉泽、布鲁柯著的《光》，鲍勃德著的《初等天文学》，麦克斯韦著的《热学》和雷卡的《量子论》，他甚至还读了很时髦的关于相对论的书。虽然这些书不一定都能读懂，但他还是津津有味地连猜带读。这些课外阅读的确使他长进不少。后来他自己写了一本书，名叫《当我长大时》，他在其中忘情地写道："我希望将来成为一名物理化学家，于 30 岁时在自己实验室的爆炸中死去。"

　　高中毕业后，塞格雷考入罗马大学工程系，有幸结识了著名物理学家费米。1938 年，塞格雷到了美国，参加了费米主持的研制原子弹的曼哈顿工程。

发现 DNA 结构的科学家沃森

沃森 1928 年生，美国生物化学家。因发现 DNA 双螺旋结构，获得 1962 年诺贝尔生理学及医学奖。

沃森出生在美国芝加哥，父亲是一个商场里的收银员，母亲在芝加哥大学里做秘书工作。父亲喜欢小动物，特别是鸟类，家里有许多鸟的标本和各种各样关于鸟类的书籍。

闲暇时，父亲常常带小沃森出去，倾听鸟儿歌唱，观察鸟儿的习性。在观察中，沃森产生了许多疑问：鸟儿为什么秋去春来？鸟儿怎么学会做窝的？这些有趣的现象引起了小沃森强烈的兴趣。鸟儿的这些本领究竟是生下来就有的还是后来学会的，他们为什么会有这些习性，他经常与爸爸妈妈就这些问题争论不休。

沃森上了小学，由于他勤学好问，知识面显得比同龄的孩子要宽得多，在班级中很快就表现出过人之处。当时在芝加哥的广播电台里有个节目叫"神童"，节目主持人会邀请一些聪慧的孩子参加，回答各个方面的问题。这些孩子懂得都比较多，能回答许多有难度的问题，令听众惊叹不已。沃森就是其中的一个，在回答自然科学方面的问题时他表现得非常好，连续通过了 3 次选拔。

那时，芝加哥大学招收成绩优秀的高中在校生，让他们提前接受 4 年

大学教育的全部课程。于是，15 岁的沃森被芝加哥大学提前录取了。沃森只用 3 年时间就修完了大学课程，拿到了生物学学士学位。大学期间，他仍保持着对鸟类的兴趣，因此在毕业后，他用了整整一个夏天攻读鸟类学，准备开始鸟类的研究。在这期间，他看到了著名科学家薛定锷写的《生命是什么?》这本书，薛定锷在书中指出，基因是研究生物的核心内容，人们应该不遗余力地去探索基因的构成和作用。这本书给沃森极大的震撼，他的思想产生了变化，他决心去做生物学的基础研究，搞清楚遗传的核心究竟是什么，圆他儿时的梦想。

英国剑桥卡文迪许实验室是当时基因研究的权威，拥有先进的技术和设备，沃森申请到了卡文迪许实验室工作。在那里，他遇见了克里克，他们开始为着共同的目标进行不懈的奋斗，终于揭开了 DNA 结构之谜。

担心无事可做的科学家克里克

克里克（1916—2004），英国生物学家。与沃森一起发现了DNA双螺旋结构，开创了分子生物学，获得1962年诺贝尔生理学及医学奖。

克里克出生在英国北安普敦。父亲经营着祖父留下来的一个皮鞋厂。虽然父母文化水平都不高，但对他的学习兴趣一向都很支持。

小时候，父母曾送给他一套少儿百科全书。克里克最感兴趣的是科学部分，对这些文章简直着了迷，吃饭也看，睡觉也看，从中学到了许多知识。他很为自己知道一些别人不知道的答案感到洋洋得意，得意之后又担心等他长大以后，所有的科学秘密都被人发现，那他就无事可干了。母亲经常鼓励他，告诉他等他长大后又会有新的难题出现，等着他去探索。

刚上中学时，他对化学并不感兴趣。在读了科学家鲍林的著作《普通化学》后，他觉得一个个化学实验非常奇妙，几种试剂一混合就能产生气体，发生爆炸等等，他想亲自尝试一下。于是，克里克开始在家里做化学实验。他尝试着制作人造丝，可是急于求成，没等反应完成就拉丝，实验失败了。他又把一些易燃的混合物放进瓶子里，通电之后使它们爆炸，景象虽很壮观，但是让父母担心。最后，家里人商量了一个折衷的办法，克里克只能在水池里引爆这些"炸弹"。

克里克曾自我剖析，在年轻时，遇事会毫无根据地靠自己的猜想，而不是去深究，结果出了许多笑话。例如圣经中上帝用亚当的一根肋骨造出夏娃的故事，使他猜想男人比女人会少一根肋骨。几年之后，克里克无意中对一位医学院的朋友谈起，他感到十分惊讶，这位朋友非但表示不同意，而且还问他为什么会这么想。克里克解释了理由，这位朋反笑得差点从椅子上摔

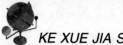

下来。

克里克考入了伦敦大学，从事物理学的研究。在他快拿到博士学位时，第二次世界大战爆发了，德国人炸毁了他的实验室，他的学业和研究受到了严重的影响。战争期间，他参加了英国人研制水雷的工作。战后，他重新考虑研究方向和课题，在大量阅读各学科书籍后，对"生物与非生物的区别"课题很感兴趣，于是他开始自学生物学和化学。后来进入卡文迪许实验室，开始了对DNA之谜的探索。这个选择非常适合克里克的科学研究特点：想像力丰富，思维活跃，不断提出新学说。

成功解析复杂有机物空间结构的霍奇金

多罗茜·霍奇金（1910—1993），英国化学家。因使用 x 射线衍射技术，研究测定出青霉素及维生素 B_{12} 等复杂晶体和大分子空间结构，获得 1964 年诺贝尔化学奖。

多罗茜·霍奇金出生于埃及开罗。父亲是一位研究古典艺术品的学者和考古学家，母亲是当地闻名的手工艺能手。作为长女，霍奇金从小就帮助父母整理、登录各种考古标本和文物，在劳动中得到了多方面的知识。

上中学的时候，父亲的朋友化学家约瑟夫经常指导她做各种简单的化学实验，使她对化学产生了浓厚的兴趣。他还送给霍奇金一本由 X 射线结晶学权威布拉格写的儿童科普读物，这本书使霍奇金知道了人类可以利用 X 射线看到一个个的原子和分子。

当她考入牛津萨莫维尔学院攻读化学时，她的父亲在非洲挖出了一座地下古教堂遗址，需要做大量的整理研究工作，霍奇金也担负一部分玻璃镶嵌物的登录、绘图工作。她在实验室对这批镶嵌物进行了分析鉴定，并开始对结晶学产生了兴趣。因此还在牛津当学生时，她在结晶学方面就已经小有名气了。

霍奇金大学毕业后，被介绍到剑桥大学与贝尔纳教授合作。当时贝尔纳正着手用 X 射线对世界上刚刚提取出来的甾醇类物质、青霉素、维生素 B_{12} 等进行研究，这正好与霍奇金所向往的研究方向吻合。认准目标的霍金奇决定用 X 射线解析法逐个测定其空间结构。但是在剑桥，她一年只能有约 75 英镑的助学金，连维持生活都不够。幸好姐姐接济了她，才使她勉强维持。虽然条件艰苦，她却在研究方面取得了十分显著的进展。

后来霍奇金回到牛津大学。牛津的实验室条件远不如剑桥，而且霍奇金不过是学院的一名普通教师，学院只在矿物学和结晶学实验室里给她预备了一个临时的空位，因而在解决设备、经费等方面都遇到不少困难。此时，霍奇金已是 3 个孩子的妈妈，而且她患有严重的风湿病，四肢已出现畸形，丈夫又长期在国外工作，经济负担和家务都压在了她一人的肩上。在这艰苦困难的条件下，经过十几年的不懈努力，霍奇金和她的合作者成功地测定了青霉素的晶体结构，并推算出了它的分子结构式，后来又成功地测定出维生素 B_{12} 等更为复杂的空间结构，成为用 X 射线结晶学解析生物化学结构的第一人。

现代有机合成之父伍德沃德

伍德沃德（1917—1979），英国化学家。因首次提出二茂铁的夹心式结构，对有机化学的合成作出了重大贡献，获得了 1965 年诺贝尔化学奖。

伍德沃德出生于美国马萨诸塞州的波士顿。

有一天，父亲带着他到药剂师约翰家里去玩。约翰的儿子迈克十分顽皮好动，经常偷偷地在父亲的实验室里折腾。他轻手轻脚拉着新朋友，悄悄溜进了实验室。

在实验室里，伍德沃德感到十分新鲜，看着迈克熟门熟路地动手操作起来。

迈克拿出一个玻璃瓶放在桌上，又取出一个烧杯灌上清水，打开玻璃瓶的盖儿，对站在一旁的伍德沃德说："你看，这瓶子里装的是硫酸，只要我把硫酸往清水中一倒，水马上就会像开水一样沸腾起来，信不信？"

迈克一边说一边把硫酸倒进清水里。谁知动作太猛，一些硫酸正好溅在迈克的手上。迈克立刻痛得叫唤起来。伍德沃德吓得不知怎么办才好，忙将迈克的手按进旁边的一桶清水里。

听到惊叫声，迈克的父亲约翰马上意识到准是迈克又出事了。他立即冲进了实验室，可用力过猛，又撞倒了另一瓶硫酸，一股白色刺眼的烟雾过后，地板上立即出现一个大的黑洞。

约翰顾不得这些，直冲到迈克的面前。他一下子傻眼了：一瓶硫酸空空见底，烧杯中的水仍在上下翻滚。伍德沃德拿着迈克的手按在那桶清水中。

约翰从清水中抽出迈克的手，只见手背上留下了筷子头大小的黑点。约翰松了口气："太危险了！迈克，你真胡闹！"

伍德沃德的父亲跟着赶到实验室，正想教训伍德沃德，不料约翰对小伍德沃德说："多亏你救了迈克的手。"原来，伍德沃德刚才把迈克的手往清水中一按，及时稀释了硫酸，要不然，迈克的手一定会被烧个大洞。

  这奇特而惊人的一幕，一直萦绕在伍德沃德脑海中，他暗下决心，将来一定要成为一名化学家！

  从学生时代起，伍德沃德便常常工作学习到午夜。多年来，伍德沃德养成了每天只睡三四个钟头的习惯。他一生中除了成功合成金鸡纳碱，测定了金霉素和土霉素结构，奠定了四环素抗生素的合成基础外，还成功合成了胆甾醇、皮质酮、马钱子碱、叶绿素等二十多种复杂有机物，被誉为"现代有机合成之父"。1952 年他最先提出二茂铁的夹心式结构，在获诺贝尔奖之后，又攻克了维生素 B12 合成的难关。

曾经消沉的科学家朝永振一郎

朝永振一郎（1906—1979），日本物理学家。在量子电动力学和基本粒子物理学方面做出了杰出贡献，获得了 1965 年诺贝尔物理学奖。

朝永振一郎出生在日本东京。两岁时，因父亲被聘为京都大学的教授，全家迁到了古城京都。小时候，他就爱摆弄电铃、幻灯机、放大镜之类的东西。他爱观察思考，一些大人意想不到的小实验是他最喜爱的游戏。

小学毕业那年，世界著名科学家爱因斯坦来到日本讲学。爱因斯坦的演讲向人们展示了日益发展的物理学微观世界。朝永虽然不能完全理解，但爱因斯坦描述的变幻莫测的微观世界给他留下了深刻印象。升入高中后，他的各科成绩都很优秀，尤其是数学和物理更为突出。

1926 年，朝永考入京都帝国大学物理系。他立志研究最尖端的量子物理学。当时量子物理学是一门新兴科学，大学里还没有教授量子力学的老师，更没有这方面的教材。他的决心并没有因此动摇，他常常和他的同学汤川秀树一起切磋讨论，学业进步很快。可是在大学毕业后，现实却使他陡然感觉失去了方向。想要继续深造，不知往哪个方向奋斗，想找个工作，竟然也不能如愿。最后争取留在母校当了个没薪水的助教。朝永感到很茫然，精神不振，甚至

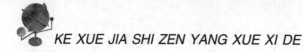

想随便找个活儿赚钱吃饭，淡泊清闲，平平安安地过一辈子算了！

后来，在德国留学的仁科芳雄来到京都大学讲授量子力学。他带来了有关量子力学最新发展的消息，带来了哥本哈根学派的批评精神和哲学家气质，更带来了要振兴日本物理学研究的决心。仁科芳雄邀请朝永去他的实验室工作，朝永重新坚定了志愿，并在后来的种种困难中硬闯了过来。当时日本军国主义将全部科研经费都用去制造武器，朝永抱着一个信念：决不中断研究。1942 年，他终于公布了《超多子理论》，随即又发表了《分割阴极磁电管理论》。

大战结束后，朝永和老同学汤川四处奔走，组织流失的人才，重建科研机构，举办学术座谈会。他心里只想着尽快夺回因为战争失去的时间。他一边负责组织工作，一边还要进行科学研究。他在量子电动力学方面所做的对基本粒子物理学具有深刻影响的基础性研究，为现代物理学的发展做出了极大的贡献，因此荣获了 1965 年诺贝尔物理学奖。

身残志不残的生物学家雅各布

雅各布 1920 年生，法国微生物学家。由于发现有关酶和细菌合成中的遗传调节机构，于 1965 年获得诺贝尔生理学及医学奖。

雅各布出生在法国巴黎，父亲是一个房地产商。外祖父是巴黎一位著名的外科医生，从小受到外祖父的影响，雅各布立志长大后也要当一名外科医生。

雅各布考入了巴黎大学医学院，在医学院学习的第三年，爆发了第二次世界大战。法国被德国法西斯占领后，身为犹太人的雅各布逃出了巴黎，偷渡到英国，参加了戴高乐将军领导的"自由法兰西军团"，成为一名军医。

雅各布随军转战于北非战场。他参加了利比亚、的黎波里、突尼斯等战役，表现十分勇敢，为抢救伤员，他在战场上多次负伤。1944 年夏，他随法国第 2 装甲师参加了盟军登陆法国西海岸的诺曼底战役。在一次德国飞机的空袭中，他因救治战友而受重伤，右臂致残。战争结束时，他因表现英勇，荣获法国军队的最高荣誉——解放十字勋章。

第二次世界大战结束后，他又返回医学院继续学习。但因身上有伤，他不得不打消当外科医生的念头，这对于一个一心想当外科医生的人来说，无疑是残酷的。毕业后，为了生计，雅各布写过小说，做过电影演员，但心中总是割舍不下对医学事业的眷恋之情。他想起上学时读过薛定谔的《生命是什么?》，看来研究遗传、核酸及细菌会有发展的，最后他转而学习微生物。直到 34 岁，雅各布才获得博士学位。

获得医学博士学位后，雅各布想在雷沃夫的实验室从事微生物的研究和学习。但他接连上门七八次求职，雷沃夫都不为所动。1950 年 6 月，雅各布又一次登门，未等雅各布开口，雷沃夫就迫不及待地告诉他："我们发现了原噬菌体的诱导！"雅各布有些纳闷："您说的是……"雷沃夫兴致勃勃地追问："研究噬菌体你感兴趣吗？"雅各布激动地大声答道："那正是我的期望！"求职面试就这样通过了。雅各布立即去查询有关资料。

雅各布起步较晚。但当时恰好是微生物学从单一的分类学变成遗传学的时期。雅各布在老师雷沃夫的指导下提出了遗传学上的两个重要概念——"信使DNA"和"操纵子"。为此他获得了1965年诺贝尔生理学或医学奖。

夸克模型的创建者盖尔曼

盖尔曼 1929 年生，美国物理学家。因对基本粒子的分类和相互作用的发现，以及提出"夸克"粒子理论，获得了 1969 年度诺贝尔物理学奖。

盖尔曼出生在美国纽约。父母都是犹太人，第一次世界大战后移居到美国。盖尔曼出生时，正值美国经济大萧条时期，家庭生活十分困难。为了寻求更低廉的房租，他们在 5 年中搬了 3 次家。

贫穷并没有埋没盖尔曼的勤奋好学和过目不忘的超强记忆力。因此从小就显示出聪明过人的盖尔曼，便被人们称为"奇才"。他上小学时连跳数级，不到 10 岁便进入了纽约哥伦比亚大学附中。父母鼓励他跳级，希望他能快些毕业。他的跳级使家里省去了不少学杂费。同学们都感到盖尔曼好像是一部活的《大不列颠百科全书》。他们知道，只要他在教室里，就一定会有问有答，一旦盖尔曼走出教室门，大家就失去了对正确答案的把握。

虽然盖尔曼各门功课的成绩都很优异，但他并不喜欢学校里"单调乏味"的生活，那时就连实际内容较多的物理课他都感到"相当令人厌烦"。也许是他的理解力和智商比较高，别人感到沉闷枯燥的数学、语言和历史等，他却很感兴趣。15 岁那年，他获得了耶鲁大学的全额奖学金。在选择专业时盖尔曼却犹豫不定，他选来选去，实在是找不到取舍的依据和特殊的理由，就差没有掷币问天了。他告诉父亲自己想成为一个考古学家或者语言学家。父亲建议他去读工程学，好找工作，赚钱也多，但盖尔曼不同意。最后盖尔曼毫无理由地选择了物理作为自己的专业。22 岁他获得了麻省理工学院物理学博士学位。

盖尔曼在学术上一直是个强者。也许盖尔曼具有足够的实力，他喜欢冒险，寻求挑战，就像渴望着征战的无敌英雄。他在基本粒子的研究中屡屡提出新概念和独特的理论。他在粒子物理学中的几乎所有重要领域都做出了重大贡献。最初，电子、质子和中子被认为是基本粒子，所有物质都是由它们构成的。后来，又发现了一些新的不稳定粒子，这些粒子的行为很"奇特"，盖尔曼提出了"奇异量子数"的理论，进而又提出了"八重法"、"夸克模型"，按照这种模型，所有已知的基本粒子都是由三种更为基本的粒子——"夸克"组成的。人类由此进入了重新认识物质结构的新天地。

敢于挑战难题的物理学家费曼

费曼（1918—1988），美国物理学家。因在量子电动力学方面所做的对基本粒子物理学具有深刻影响的基础性研究，获得了 1965 年度诺贝尔物理学奖。

费曼出生在美国曼哈顿。父亲年轻时很喜欢物理学，可是他没有足够的经济支撑来实现做物理学家的梦想。在费曼出生之前，他就对妻子说："如果生个男孩子，一定让他当科学家。"为了实现自己的预言，他尽了最大的努力。

当费曼只有两三岁时，父亲就买了五颜六色的马赛克给他玩，教他摆出各种图形。稍大一点，父亲带他散步，一起做游戏，一起讨论鸟儿为什么啄自己的羽毛，车子为什么具有惯性等等问题，并且常常带他去博物馆，教他认识各种事物的特性。家中有一套《大英百科全书》，费曼有空就抱着翻阅，父亲耐心地给他做解释。后来费曼愉快地回忆道："没有压力，只有可爱的、有趣的讨论。"

费曼头脑灵活，上小学时就表现出数学才能，他总是用一些意想不到的方法解答数学题。中学第一次上代数课，他感到老师讲的内容太简单，忍不住举手告诉老师，说他已经知道老师要讲的东西了。数学老师为了测试他，给他出了几道难题，他轻而易

举地就解答完了。老师不再为难他了，而且为有他这样的学生而高兴。高年级的同学也常常拿着一些棘手的数学作业来找费曼帮忙，这些难题一到了费曼手里就迎刃而解了。他成了全校闻名的"数学天才"。费曼还代表学校参加了校际代数联盟竞赛。他很喜欢这种挑战。他认为数学是一种心理游戏，可以使他始终保持迅速处理问题的能力，并且用明快，简洁，不拘泥于传统的方法。费曼认为数学实际是逻辑关系的表现形式，再复杂的关系也可以用简明的数学形式表达。

费曼考入麻省理工学院后，兴趣逐渐转向物理，他的数学才能为他在物理学中取得成功提供了坚实的基础。费曼把一些新计算技术带进了物理学，包括用简单图形来描绘基本粒子之间相互作用的"费曼图"，使物理学的研究上了一个新台阶。

费曼是一位很有天才，具有独创性，敢于挑战难题的理论物理学家。他的数理逻辑式的思维模式，使他能把复杂的现象梳理成清晰的数据。在调查航天飞机"挑战者号"失事原因时，费曼做了一个不花一分钱的即席实验。他让人端来一杯冰水，夹住一块橡皮放入冰水中，当众证明了橡皮垫圈不耐低温。这个实验震惊了美国公众。

数星星的张衡

张衡出身在一个很有名望的书香门第，他的祖父品行高洁，知识渊博，很受人景仰。

祖父从小就很重视对张衡的教育，除了让他学习当时的五经六艺，每天还会给他讲各种各样的故事，里边包含着做人的道理，也有很多知识。在这样的环境熏陶下，小张衡养成了热爱知识的性格，只要他感兴趣的事物，废寝忘食也没有关系。

一天，祖父给小张衡讲了不少关于星星的知识，什么二十八宿啊，什么牛郎织女啊，什么北斗七星啊，听得小张衡眼睛一眨一眨地入了迷。

晚上该睡觉的时候到了，屋子里却找不到小张衡的影子。大家找来找去，最后发现他搬了个凳子在院子里坐着，仰着头一动不动。

"你在干什么呢？"大家很奇怪。

"我在数星星呢。"张衡回答说，"这些星星真是太有意思了，我想数数它们到底有多少颗。"

大人们笑了，把小张衡拉进屋子，告诉他天有无穷大，星星有无穷多，是数不清的。

后来，为了增长自己的见识，年仅15岁的张衡告别家乡，开始了游学生涯。他先后来到武关、三辅等地，后来又到洛阳呆了一段时间，然后又到南阳郡宛城任职。

游学经历开阔了张衡的视野。在这期间，他遍访名家经师，认识了不少志同道合的好朋友。他广泛学习了文学、经学、哲学、天文、历法等知识，后来回乡开始了科学研究，造出了著名的浑天仪和地动仪。

倒桥倒出的桥梁专家茅以升

茅以升的童年是在南京度过的。六朝古都南京是个繁华的地方，常常举办各种活动。离茅以升家不远处就是秦淮河，从清朝开始，每年端午河上都会举行划龙船的比赛。每逢那个时候，河上彩旗招展，千舟竞发，岸上鼓声锣声叫好声响成一片。别提多带劲了。茅以升和他的小伙伴都盼望这一天的到来，可以看个过瘾，玩个痛快。

可惜，就在端午节那天，茅以升突然肚子痛，不能去了。望着来叫他一块儿去的伙伴，茅以升眼巴巴地说："你们回来一定要告诉我哪条船得了第一啊！"

小伙伴们走远了，茅以升捂着肚子在家生闷气。远处传来一阵又一阵的叫好声，这样的热闹自己却看不见，多可惜啊。

可是一会儿小伙伴们带来的消息把他吓坏了。今天看划龙船的人特别多，大家都想找个好位置看比赛。小伙伴们常常在上面玩耍的文德桥竟然因为站满了人，桥吃不住劲，塌掉了。不少人掉到河里淹死了。

听到这个悲惨的消息，茅以升的眼中充满了泪水，在心里暗暗发誓：我长大了一定要学造桥，要造出千万人踩不坏、挤不塌、踏不断的桥，甚至让汽车、火车从上面通过也无妨。

从此，茅以升迷上了桥。他只要看到桥，不管是木头的石头的，都要上去来来回回走几遍，认真观察；看书的时候看到有关桥的句子，连忙用小本子记下来；看见有桥的图片，也小心翼翼地收藏起来。

就这样，凭着对桥的痴迷，茅以升不断观察、研究、探索桥的奥秘，终于成为著名桥梁专家，为中国造出了一架架结实美观的大桥，实现了童年的誓言。

贫困家里走出的地质学家李四光

李四光出身在一个贫困的家庭里，全家人只靠父亲做私塾老师的一点点收入过活，学生不多的时候还可能断炊，生活非常困苦。在这样的环境下，李四光从小就非常懂事，总是抢着放羊、砍柴、挑水、打扫屋子，做力所能及的家务。

六岁的时候，李四光开始到父亲的私塾念书。他非常喜爱学习，每天除了上课，做家务一有闲暇，就忙着背课文，练书法，写作文，忙个不停。

李四光十分富有同情心，因为自己家里贫困，特别能够理解其他穷人。一次，一个小偷悄悄钻进私塾，想趁大家不注意的时候，偷走住宿同学盖在被子上的棉衣。不料却被同学发现，马上大喊"小偷，抓小偷啊！"大家一拥而上把小偷打倒在地，然后用绳子吊在院里的树上。

同学里只有李四光没有动手。看着面黄肌瘦的小偷，李四光知道小偷也是穷人家的孩子，逼急了才偷东西。等大伙散去后，李四光一面拿来一张凳子放在小偷脚下，免得他被吊得难受；一面劝他不要再偷东西，人穷，要穷得有志气。

后来，李四光被公派到日本留学。政府每个月都会拨给每个留学生一笔款项，不甚宽裕，连日常使用都不太够。可身在日本的李四光挂念父母，每个月都从为数不多的经费里留出一笔寄回家。他的日子过得非常清苦，有时候晚上把米放进热水瓶泡一晚，第二天就着咸菜吃下去。

艰苦的环境没有磨灭李四光读书的欲望，他如饥似渴地汲取着知识，即使是休息时间手里也不肯放下书本。通过刻苦学习，他掌握了丰富的地质知识，后来为我国开发油田立下大功。

一流的妇产科医生林巧稚

　　林巧稚是个聪明又有志向的孩子，但是那时候重男轻女，家里并不重视她。到了该上学的年龄，看见哥哥弟弟都背着书包高高兴兴上学去了，林巧稚非常羡慕。

　　进学堂能学到多少知识啊，林巧稚心想。于是她跑去缠着妈妈说："妈妈，让我也进学校念书吧，我一定会好好学习的。"

　　妈妈心软，经不起女儿的撒娇纠缠，最后还是答应了。

　　知道自己上学的机会来之不易，林巧稚学习起来非常刻苦，成绩一直名列前茅。老师们都很喜欢这个勤奋的孩子，不时在课堂上表扬她。

　　许多男同学不服气了，他们背后议论着："一个丫头，看她有多能?!"

　　一次，期末考试快到了，同学们都紧张地复习功课，课间休息时，巧稚和几个女同学在讨论问题。这时，几个男生朝着她们大声地叫着："这次考试可难啦，你们女生准要考'烂'，能及格就不错了。"巧稚听了"呼"地一下站了起来，理直气壮地说："女生怎么啦? 女生照样拿第一。咱们比比看! 男生拿 100 分，我就拿 110 分!"

　　为了这句话，巧稚加倍刻苦学习。别人看一遍书，她就看三遍书，别人做一道题，她就做 10 道题，别人 9 点钟睡觉，她却要到深夜 11 点或 12 点钟睡，样样都要比别人多花功夫。考试完了，成绩一公布，林巧稚果真拿到了全班第一名。男生不得不佩服地说："林巧稚真行!"

　　以后，巧稚自己说的这句话深深地刻在她心里，样样都要拿"110 分"，样样都要比男生强! 她靠着顽强的毅力、刻苦的精神，不断进取、努力奋斗，终于成为我国第一流的妇产科女专家。

滴水穿石的后进生童第周

从小，童第周就有着强烈的好奇心，喜欢观察周围的事物，看见新奇有趣的事物就会追根问底。

一次，他看见屋檐下的台阶上有许多小坑，整整齐齐地排成一行。这是干什么用的呢？

童第周想不明白，马上跑去找来爸爸，指着那排小坑说："爸爸，这些小坑是谁敲的呢？用来做什么的啊？"

爸爸笑了，摸着童第周的头说："傻孩子，那不是人敲出来的。"

"没人敲怎么会这么整齐呢？"童第周皱着眉头说。

"你看上面的屋檐，"爸爸指着屋檐说，"每次下雨，水从上面滴下来，就敲出了这些坑。"

"台阶是石头做的，这么硬，怎么会被雨水敲出坑呢？"童第周打破砂锅问到底。

"一滴雨水是敲不出坑，可是日子一长，一滴一滴的，慢慢就敲出坑了，而且还会越来越深呢。这就是古人所说的滴水穿石啊。"爸爸耐心地解释。

这个故事在幼年的童第周心中深深地扎下根。雨水只要坚持不懈，连石头做的台阶都能敲出坑，人要是有恒心，什么事办不到呢？知识一点一点地累积，肯定也能越来越多，我要做个学识渊博的人。

从此，童第周在学习上用上了"滴水穿石"精神。当他刚考进省内著名的中学时，底子没有其他同学好，成绩一度排在班上倒数第一。童第周伤心极了，发誓一定要把成绩搞上去。于是，童第周每天都很晚回寝室，在路灯下面学习。

慢慢地，他把比别人差的地方一点一滴补了回来，期末考试的时候成绩有了大幅度提高。到了高三，他已经是年级第一名，最后考上了复旦大学，踏出了科学研究的第一步。

想做英雄的孩子钱学森

钱学森从小就有"神童"的美誉。在父母的教导下，他三岁就认识了很多字，能背诵不少唐诗宋词，还能心算乘除法。

他五岁开始读《水浒》，书中的英雄人物给他留下了深刻印象。一天，他对爸爸说："英雄如果不是天上的星星变的，那我也可以做英雄了。"

"你也可以做英雄，但是必须好好读书。努力学习知识，将来回报社会。"爸爸告诉他，"现在的英雄不是打打杀杀，而是看谁为国家做的贡献多。越多做贡献，就越是大英雄。"

于是，想做英雄的钱学森把"学习知识，回报社会"的道理牢牢记在心里。他不但开始努力学习书本上的知识，还仔细观察日常生活，留心常见事物中的学问。

不久，钱学森上小学了。那时候，同学们中很流行用废纸叠飞镖，下课就拥在走廊或者操场上，比谁的飞镖飞得远。

慢慢地，大家发现只要有钱学森参加，每次冠军都非他莫属。同学们很奇怪，难道钱学森的运气这么好？还是他的飞镖里面有什么与众不同的奥秘呢？

于是大家把钱学森叠的飞镖捡起来看，发现他的飞镖叠得特别仔细，有棱有角，非常平整。这样的飞镖受空气阻力小，自然飞得远。

知道了这个秘密后，同学们都很佩服钱学森：同样是玩游戏，怎么人家就能发现这么多诀窍呢！

从小就留意到空气阻力的钱学森，后来果然走上研究力学和空气动力学之路，并取得了巨大成就。

赢不了游戏的孩子陈景润

小时候，陈景润极其喜欢读书，不管做什么事情，都会惦记着自己的宝贝书籍。即使是和伙伴们玩游戏，不一会儿，就把注意力转移到书上去了。

他的父亲养了很多乌龟，每次父亲一出门，贪玩的小伙伴们就把乌龟放在院子里玩耍。

小伙伴们发明了一个游戏，就是站在乌龟背上，让乌龟往前走，看谁站得久。乌龟背圆圆的，并不容易站稳，大家都摇摇晃晃觉得很好玩。

可是陈景润站在乌龟背上，不一会儿，就想起自己那本没有看完的书，常常忘记正在比赛，自己走下乌龟回房看书了。

小伙伴们一起捉迷藏，陈景润也很喜欢玩。可是和别的孩子不一样，他老是随身带着一本书。

"一，二，三……"当"猫"的孩子蒙住眼睛开始喊，其他孩子忙着躲起来。陈景润往往跑到不容易发现的角落，掏出书来一边读，一边等"猫"来捉他。可是他渐渐地越来越入神，根本记不得正在玩游戏。

一会儿，游戏结束了，该换其他小朋友做"猫"了。可是无论孩子们怎么喊，正全神贯注读书的陈景润都充耳不闻，伙伴们也就不管他了。

直到天黑得看不清书，陈景润才发现：怎么"猫"还没来捉自己呢？他钻出来，却发现大家都已经回家了。

陈景润拍拍衣服上的灰尘，回屋点上灯继续看书。

长大后，陈景润迷上了数学。在一间只有六平方米的小屋子里，在那昏暗的灯光下，陈景润废寝忘食地研究数学，足足用去了几麻袋的草稿纸，最后终于证出了世界著名数学难题"哥德巴赫猜想"中的（1＋2）。

一切靠自己的崔崎

崔崎出生在一个偏僻地方的贫穷家庭里。从小崔崎就显露出了和别的孩子不一样的聪明才智，他的妈妈很希望孩子能摆脱世世代代做农民的命运，所以不顾周围的人议论，把崔崎送到迁居到香港的姐姐家去，希望有一个好的环境供崔崎成长。

姐姐很疼崔崎，尽管自己家里也不富裕，还是尽可能供崔崎上学。崔崎也非常争气，一直是品学兼优的好学生，小学毕业的时候以极其优良的成绩，考取了一所知名的私立中学。

可是就在这个时候，姐姐家里的经济出了问题，原本就不宽裕的生活更加捉襟见肘。于是找到崔崎说："家里的情况你多少也知道一点儿，姐姐没用，不能再供你读书了，希望你不要怪姐姐。"

崔崎很难受，不过他是个懂事的孩子，知道姐姐为自己付出了很多，也就默默地点头，不再提这件事。

过后的几天，崔崎一直闷闷不乐。姐姐看在眼里，痛在心头。可是这天，崔崎却一脸笑容地跑到姐姐跟前说："姐姐，我靠自己也能读书啦。"

原来，这所私立学校为了鼓励大家学习，设立了高额奖学金，足够支付学费。小崔崎成绩不错，只要能努力得到奖学金，就可以一直读下去。

"这样很好，姐姐帮不上忙，一切就看你自己了。"姐姐高兴地说。

从此，小崔崎更加刻苦地学习，这分努力也有了回报。全年级160多名学生，他的成绩从来都是名列三甲，稳获奖学金。加上他尊敬师长，团结同学，老师们都很喜欢他，每年都给他"家境清贫，学费减半"的评语。

就这样靠着奖学金，小崔崎不但读完了中学，还到大学深造，最后获得芝加哥大学的博士学位。

老丢行李的孩子李政道

　　李政道出生于上海的一个名门望族。小时候他的最大爱好，就是读书，还喜爱摆弄无线电。他视书如命，一天到晚手不释卷，连上厕所都带着书，有时还会闹出书带了，手纸却没带的小笑话出来。

　　这么爱看书的他，遇到坐火车这么长的时间，不看书就太浪费了。于是，李政道每次坐火车除了衣物用具，还会带上好几本书，找到座位安顿好就马上掏出来读个痛快。

　　可是李政道读书太专心了，全心全意沉浸在书里的世界，火车上发生什么事情一点儿不知道，常常在到站的时候发现行李被小偷偷走了。

　　为此，每次坐火车，爸爸妈妈都要叮嘱："政道，这次可别看书了，一定要把行李看好啊。"

　　李政道也答应："这次我一定不看书，绝不让可恶的小偷偷走行李。"

　　到了火车上，干坐着的李政道觉得好可惜，时间就这么白白地浪费了，要是能把这些时间用来看书能学到多少知识啊。于是，他情不自禁地掏出一本书，心想：我留神行李不让它被小偷拿走不就成了吗？

　　可是，李政道读书太专心了，开始的时候还能提醒自己过五六分钟就看看行李，到了后来，全部精神都被手上的书吸引了，哪里还记得照看行李呢？到了站，他发现行李架又空了，行李不知什么时候又被偷走了，李政道只好空着手下了车。

　　好在这种事情不是第一次发生，李政道熟练地给哥哥打了电话叫他来接自己。在等哥哥的时候，他居然又拿出书本聚精会神地读开了，让满头大汗赶来的哥哥哭笑不得。

　　李政道就这么抓紧时间，一本又一本地看啊想啊，23岁就成了博士，后来还得了诺贝尔奖。

不喜欢说话的闷葫芦爱因斯坦

你相信吗？伟大的科学家爱因斯坦小时候，并不聪明。三岁多了，他还不会说话，爸爸妈妈担心他是哑巴，还带他到医院检查。直到九岁，小爱因斯坦说话还结结巴巴，令一家人十分担忧。

因为每说一句话，爱因斯坦都要花费很大力气，所以他每说一句话，都经过一番深思熟虑，显得格外认真。小爱因斯坦不喜欢像别的孩子那样，打打闹闹、跑来跑去玩战争游戏，他喜欢一个人静静地呆着，凝望着湖水或者地上的蚂蚁。

一次野餐聚会，有位亲戚带着讥讽的语调对他妈妈说："你看爱因斯坦，可真是个闷葫芦，大家都在玩，就他一个人闲着。"

他妈妈认真地说："他在思索问题呢，总有一天，他会成为一名教授的。"

亲戚心里嘀咕着：连话都说不流畅的孩子还想做教授？那可是聪明人才能做的。他没想到，后来爱因斯坦不但做了教授，还成了著名的科学家。

有时，爱因斯坦的话也会多起来。

由于他卧病在床，爸爸给他一个罗盘解闷。爱因斯坦惊奇地发现，不管自己怎样转动，这个小盒子里面的指针都指着同一个方向，这个现象深深地吸引了小爱因斯坦。他一改平时的沉默寡言，缠着爸爸问了好多问题，一定要他把这个现象解释清楚。

尽管他连"磁"这个词语都结结巴巴地说不好，他还是坚持要知道为什么罗盘会一直指着同一个方向。

一遇到问题就要打破砂锅问到底，认真思考的习惯，让爱因斯坦的学识很快超过了同龄人，甚至长辈。慢慢地，他开始向更高深的问题进攻。

引发学校改革的孩子薛定谔

喜欢读科幻作品的同学，听说过薛定谔以及他那只著名的"猫"吧？

薛定谔出生在维也纳，那时的宗教风气特别浓厚，学校都开设有宗教课程，学生从小就要接受这方面的教育。

可是教义的语言往往非常深涩，老师也照本宣科，除了对宗教非常感兴趣的学生，大家都感到学不进去。每次宗教课的时候，往往是老师讲得兴致勃勃，学生在下面昏昏欲睡。

薛定谔感到这样不太对劲。下课了，他就问老师："老师，请问你真的相信刚才讲的那些东西吗？"

老师很奇怪："你问这个干什么？"

薛定谔就缠着老师非要他回答，每个老师都被他问过了。有的老师不耐烦，认为他是在捣乱，就告到校长那里。

校长把薛定谔找来问他："听说你不满意上宗教课老师，故意问他们一些难以回答的问题来嘲笑他们？"

"我对老师的人品和水平都没有什么意见，"面对威严的校长，小薛定谔从容地回答，"我只是觉得现在的教学方式不太对头。"

"你觉得哪不对呢？"看着面前这个一脸老成的孩子，校长开始感兴趣了。

"我们很多同学并不真正信仰宗教，我们学习的东西并不是我们感兴趣的，对我们的生活也没有什么作用。不如取消这门课程，教一些宗教文化历史方面的东西，反而有助于我们开拓眼界。"小薛定谔侃侃而谈。

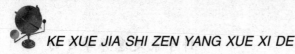

校长觉得很有道理，考虑了很久，对学校的教学进行了改革。宗教课目分成具体的几种，有针对信仰宗教同学的，由真正的教士教授教义的课程，有针对宗教历史感兴趣同学的文化课程……

大家都可以选择自己感兴趣的科目，上课的效率也大大提高了。

从文盲到最伟大的电学家法拉第

法拉第出生在伦敦。父亲是个铁匠，靠做些手工卖钱，因为工作过度劳累，本来身体虚弱的他，便常常卧病在床，使得本来就贫穷的生活更加窘困。由于家境贫寒，吃不饱饭在法拉第的童年是常事，更谈不上支付高昂的学费，到学校接受正规教育了。

11 岁的时候，法拉第找到一份报童的工作。他很喜欢这份差事，因为在卖报纸的闲暇，他可以看各种各样的报纸。就这样一边卖报，一边从报上汲取知识。从认识字母开始，渐渐地，法拉第摘掉了文盲的帽子。

为了学到更多的知识，法拉第到一家印刷厂谋了个图书装订学徒工的职位。装订工作很累，法拉第却欣喜异常。这里简直是书的海洋啊！对于渴求知识的法拉第，这无异于一顿丰盛的美餐。

于是，法拉第边装订图书，边阅读上面的文字，闲时就抱着新装订好的书籍看个不停。有时甚至在送货的路上，他也边走边看。大家都很喜欢这个好学的青年，不但工友推荐自己装订的书给他，老板也允许他下班把书带回家看。

就这样，几年时间内，法拉第阅读了文学、艺术、物理、化学、天文、地质等各方面的多种著作，懂的知识越来越多。他发现自己特别喜欢力学和电学方面的知识，常常感到有记笔记的必要。没钱买笔记本，法拉第就用印刷厂的废纸订成本子，摘录各种资料并附上自己的思考。

一个偶然的机会，法拉第认识了著名化学家戴维，戴维对他的才学极为欣赏，决定招他做自己的助手。从此，法拉第进入了科学界，开始向世人展露他的才华。

怀疑公理的孩子罗素

公理，就是公认的道理，是不需要证明的而得到大家承认的。可是有一个小孩子却对这个问题产生了怀疑，这个孩子就是罗素。

罗素很小的时候父母就去世了，他从小跟随外祖父长大。有时候，比罗素年纪大些的哥哥就承担起教育弟弟的责任，常常教他一些光从书本上很好理解的算术几何等科目。一次、哥哥开始讲一个几何上的公理，却发现一向专心的小罗素似乎心不在焉。

哥哥很奇怪："你不是很早就想学这个公理么？怎么不专心听讲呢？"

罗素眨眨眼，说："我是很想学这个公理，可是今天听你一讲，觉得和我以前想的很不一样，我在想它到底是不是正确的。"

"别胡说了，你记住就成。"哥哥觉得弟弟简直莫名其妙。

"那怎么行，我怎么可以去记一个我没有明白的东西，除非你证明给我看。"弟弟断然拒绝了哥哥的提议。

"公理是不需要证明的，这是大家都公认的东西，你怎么就不信呢。"哥哥感到无可奈何。

"我以前做过试验，这个公理好像就是不对。"小罗素坚持自己的意见。

哥哥对弟弟的倔强哭笑不得，"那好，你就再试验一次吧。"

于是小罗素搬出自己的"宝贝"——一箱子他自己制作的试验工具，开始砰砰啪啪做模型，测量，忙个不亦乐乎。

当然，后来小罗素发现试验证明公理是成立的。但是这种敢于怀疑、亲手求证的精神，在此后的日子里，帮助小罗素走上成功之路，最后成为了著名的数学家和哲学家。

科学的代名词诺贝尔

诺贝尔出生于瑞典首都斯德哥尔摩，父亲是一位颇有才干的发明家，但由于经营不佳，屡受挫折。后来，一场大火又烧毁了全部家当，生活完全陷入穷困潦倒的境地，要靠借债度日。

为躲避债主，父亲离家出走，到俄国谋生，家里全靠两个哥哥在街头巷尾卖火柴维持生计。这样的家庭环境，加上诺贝尔从小体弱多病，很难像别的孩子那样享受快乐的童年，使得他养成了孤僻、内向的性格。

可是上帝关上一扇门的时候，肯定会为你打开一扇窗。这样的性格使得诺贝尔有很多时间来读书学习，别的孩子嬉戏的时候，他都是坐在屋里聚精会神地阅读。小小年纪，他的知识已经可以和很多大人媲美。

在他十岁的时候，全家迁移到俄国的圣彼得堡。由于语言不通，他和哥哥进不了俄国的学校，只好在当地请了一个瑞典的家庭教师，指导他们学习俄、英、法、德等语言和其他知识，父亲也常常教他们一些自己认为有用的东西。这样的学习环境似乎比学校的按部就班更加适合诺贝尔，他努力地汲取着各种知识，学识突飞猛进。

在父亲的工厂做助手时，凭着细心的观察和认真的思索，凡是他耳闻目睹的那些重要学问，都被他敏锐地吸收进去。后来出国进修回国后，他不仅增添了许多的实用技术，还熟悉了工厂的生产和管理。

正是凭着善于观察与认真学习，历经了坎坷磨难之后，没有正式学历的诺贝尔，却成为了伟大的科学家和发明家。

玩出来的科学家达尔文

达尔文出生在英国伦敦的一个小镇里，附近都是连绵不断的山和森林，小达尔文就在森林里自由地玩耍，抓小鸟、逮虫子和各种动物嬉戏，有时候直到天黑也舍不得回家。就是这种生活，养成了他热爱大自然的性格。

上学后，小达尔文依旧迷恋大自然，一放学就跑到林子里玩。他开始探索表面以外的东西，竭力要弄清楚各种植物的名称，各种动物的生活习性，一些自然现象的原因。

由于心思没太放在学习上，小达尔文的功课并不好，常常被老师批评。可小达尔文对学校那些拉丁文、希腊文一点儿兴趣都没有。他是寄宿学生，但是他却常常在校方每天两次点名之间的那一长空当里跑回家去，因为他在家里有自己的爱好和兴趣。他在家总要呆到最后一分钟才离去，为了不迟到，他只得拼命跑步去学校。

"你这样游手好闲是不行的!"父亲警告他说。

"我只是想做自己喜欢的事情。"小达尔文感到委屈。

看着孩子的样子，父亲叹息一声，没有再说什么。他是个比较开明的父亲，尽管一直希望小达尔文好好学习，长大后继承自己的事业，做一名医生。可当时他想，小达尔文能够成家立业，做一个有用的人就不错了。

幸好当年父亲没有粗暴地阻止小达尔文的兴趣，他才能专心地做自己喜欢的事情，并将之作为研究对象，提出了著名的进化论以及一系列成果。

穿大皮鞋的孩子布拉格

布拉格出生在英国一个贫民家里，尽管贫穷，父母仍然懂得知识的重要性，省吃俭用供他到寄宿学校读书。布拉格知道父母辛苦，这个机会来之不易，于是学习非常努力。一些富家子弟常常攀比新衣服新鞋子，他总是无动于衷，从不参与。

布拉格学习成绩很好，老师常常在班上表扬他。这引起了一些富家子弟的嫉妒，他们开始和布拉格做对。布拉格总穿一双破旧的大皮鞋，样式古老，非常不合脚。于是大家就开始说这双皮鞋是布拉格偷来的。

学校里的流言蜚语瞒不过学监的耳朵。得知自己学校的学生有偷东西的行为，学监非常气愤，他绝不允许这种有损学校声誉的事情发生，准备开除这个品德败坏的学生。

看到学监把布拉格叫去了，那些富家子弟在背后偷笑，这个讨厌的家伙终于要被开除了。

来到学监的办公室，布拉格看见学监盯着自己的大皮鞋，脸色铁青，心里知道是怎么回事了——那些讨厌的谣言被学监知道了。

问心无愧的布拉格昂首挺胸，迎着学监的目光走上去，递给学监一封信。学监疑惑地打开，慢慢地，他的脸色变得祥和。

原来，这封信是布拉格父亲写给他的，上面说："孩子真抱歉，希望过一两年，我的那双破皮鞋，你穿在脚上就不会嫌大了。我抱着这样的希望：等你一旦有了成就，我将引以为荣，因为你是穿着我的破皮鞋奋斗成功的……"

最后，学监向布拉格道歉，并且在后来的日子里，在生活和学习上都给了他不少帮助。

布拉格也没有辜负父亲的希望，这个穿着大皮鞋奋斗的穷孩子，最后获得了诺贝尔奖。

得了诺贝尔奖的"焰火迷"布劳恩

布劳恩的父亲是德国农业大臣,对天文和火箭都非常有兴趣。耳濡目染,小布劳恩迷上了火箭,常常缠着父亲问这问那。

慢慢地,他开始懂得了火箭的原理,非常想自己试一试。他想,火箭是靠燃料燃烧获得动力,是不是只要有燃料,自己也可以制造一个火箭呢?

于是,他查阅了很多关于火箭的资料后,开始自己画图纸设计。这个小火箭的燃料就是节日放的焰火。小布劳恩把大号焰火绑在自己的滑坡车上,来到柏林的使馆区。

这里安静空旷,不怕火箭试验的时候误伤别人,也有足够的地方供火箭发射。小布劳恩爬到滑坡车上坐下,就要点火了,他的手微微颤抖。他知道,

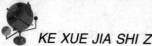

火箭发射后是很难控制的，而且自己做的火箭设计到底对不对，点火后会不会出问题，心里也有些疑虑。

不试试，就永远不知道自己的设计对不对！小布劳恩心一横，不再考虑安全问题，划亮火柴点燃了焰火。

只见一道火光从街道上飞过，然后一声巨响打破了社区的安静。居民们被惊醒，纷纷打开窗户，看是怎么回事。

只见街上浓烟阵阵，烟雾的中心处小布劳恩坐在滑坡车上，一副吓坏了的表情。

不一会儿，警察来了，原来是有人以为恐怖分子袭击报了警。警察问清了情况，教育了小布劳恩做试验要注意安全后离开。父亲气冲冲赶来，带走了小布劳恩，罚他不准离开书房，

小布劳恩倒也不觉得这个惩罚多么严重，趁机在书房读了好多书。

后来，小布劳恩还用焰火做了不少试验，他家的院子里常常可以看见施放的各种焰火，邻居们都叫小布劳恩"焰火迷"。没想到，这个"焰火迷"最后竟成了火箭专家，还得了诺贝尔奖。

吓了妈妈一跳的孩子波施

波施出生在德国一个普通家庭里，他父亲开了一家五金店，生意平平。

家里经济并不宽裕，给小波施的零用钱自然不多，买不起昂贵的试验仪器。为了实现自己的梦想，亲手验证书本上那些神奇的知识，小波施省吃俭用，一点一点地积攒着零花钱。同时，他还在课余时间到店铺和工厂里干点零工挣钱。

慢慢地，小波施手里有了四马克。在当时，这可是一笔大数字，可以供一家人生活半个月。

拿着这笔来之不易的"巨款"，小波施来到专卖试验仪器的商店。哇，货架上摆满了小波施梦寐以求的仪器。试管、烧杯、坩埚、烧瓶……琳琅满目，小波施的眼都看花了。

"这个，我要这个，还要这个，这个我也要……"小波施压制不住激动，指点着要售货员帮他拿所需的仪器。

反正我有一笔"巨款"呢。小波施想。

挑好满满一篮子试验用品，售货员拿来账单。看着账单，小波施脸都白了：十五马克八十芬尼，几乎是自己那笔"巨款"的四倍，一家人两个月的开销。可是他看看篮子里，都是试验需要的仪器，没有一件舍得放下。

他想了想，硬着头皮说："把账单送到我家去，我妈妈会付款的。"

看到账单，小波施的妈妈吓了一跳，这个数字也太大了。可是小波施在一旁苦苦哀求说："爸爸妈妈，这些仪器对我非常重要。"

这时候，售货员帮了小波施一个大忙，他恭维波施的爸爸是一位大老

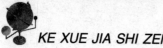

板，怎么会在意这一点小数目呢，何况又是给这么聪明的孩子买来学习的。

　　儿子和爸爸都受到这样的赞扬，小波施的父母十分高兴，爽快地付了钱。用这些仪器，小波施建立了自己的第一个实验室，开始走上科学研究的道路。

不举办生日晚会的孩子卡尔文

卡尔文的父母希望孩子健康成长，有个好身体，于是常带他到户外运动，接触大自然，每年也会带他出去旅游。于是卡尔文养成了亲近自然，爱好旅游的习惯，开始是爸爸妈妈带他出去玩，后来就是他要求父母带他去公园散步，去河边玩耍了。

有一年，家里经济情况不太妙，父母告诉卡尔文需要缩减开支，不能带他每个假期都出去旅游了。不过父母理解卡尔文是多么热爱自然喜欢旅游，于是省出钱，问他愿意寒假还是暑假出去玩。

卡尔文为难了：冬季能看雪，能滑冰；夏天的阳光也那么诱人，可以游泳冲浪，放弃哪一个自己都舍不得。

想了一会儿，卡尔文说："爸爸妈妈，这样好不好。我不要零用钱，不要生日礼物，也不要你们给我举办生日晚会。这些钱我希望可以用在旅游上，还是每个假期都去旅游。"

父母还没来得及说话，卡尔文又说："或者你们可以借钱给我，我慢慢打工还给你们。"

对于一个孩子来说，零用钱是多么重要啊！而谁又不希望生日那天举办一个晚会，把小伙伴们都请来，痛痛快快地玩呢？打开生日礼物的那一刹那又是多么的惊喜。而这些，为了旅游，卡尔文都自愿放弃了。

父母很理解卡尔文的心情，决定支持他的爱好。他们提出：今后卡尔文只要成绩保持在班上前三名，就可以得到假期都出去旅游的奖励。同时还可以帮妈妈做家务、给弟弟辅导功课挣钱，积攒起来做短途旅行。

　　这下，卡尔文可高兴了，他成绩本来就好，努把力，肯定能进前三名。于是他拼命学习，每个假期都痛痛快快地出去旅游。

9 岁的医科神童豪塞

豪塞的家在阿根廷首都的海边，放学后，他和小伙伴们常常到海边玩耍。一次，海滩上围了好多人。

"发生什么事情了？"一个小伙伴一面说，一面向那边张望。

"我们过去看看吧。"另一个小伙伴提议。

于是大家跑过去，发现了悲惨的一幕：一个人在海滩上病发，因为抢救无效，死在了那里。他的家人正在旁边痛哭，围观的人也感叹不已。

这一幕深深地震撼了小豪塞的心灵。他想要是医学再发达一点儿，那个叔叔就不会死了，他的家人不就不会伤心了吗？小豪塞暗暗地发誓：一定要学好医术，治病救人，决不要这样的惨事再发生。

小豪塞很聪明，在他 9 岁那年，著名的英吉利学院愿意免试招收他做学生。可是小豪塞想起了自己的志愿，要学医，而按照当时阿根廷的规定，学医必须参加统一考试。

轮到小豪塞考试了，考官们翻开他的成绩单，全是优。这么优秀的人啊！考官们感叹说，可是抬起头，眼前只是一个小孩子，脸上充满了稚气。

"你就是豪塞？"一个考官不敢相信地问。

"是的，我就是豪塞，我要考医学院。"小豪塞自信地大声回答。

考官们你看看我，我看看你，大家都觉得这事太悬了，要知道医生的一举一动可是关系着病人的生命。才 9 岁的孩子念完医科也不过 13 岁，能放心他做大夫吗？

有个考官问："你为什么非要考医学院呢？"

于是小豪塞讲述了他亲眼看见的那一幕，然后说："我要学好本事，我要救人。"

　　9 岁的孩子有这样的志向，考官们都非常感动。他们又问了小豪塞许多专业问题，小豪塞都对答如流。随后的笔试，小豪塞更是以优异的成绩高居榜首，被录取为医学院学生。

自学成才的现代化学之父道尔顿

道尔顿出生在英格兰北部一个贫穷的家庭里。因为家境困难，小道尔顿小学没读完，就辍学了。

离开校园，小道尔顿很伤心，可是为了不让父母感到内疚，他从不把失望挂在脸上，只是在干农活的空隙里，看几页好不容易到手的书，坚持自学。

村里有个叫鲁滨逊的人，知识渊博。他常常看见小道尔顿在田边看书，不由得对这个小孩子产生了好感，主动叫小道尔顿晚上去他家学习物理和数学。

从此，每个晚上成了道尔顿盼望的时间。温暖的烛光下面，他一点一点地聆听着鲁滨逊先生的话语。由于他的聪明和刻苦，很快就超过了在校的同龄人。

除了接受鲁滨逊先生的好意，小道尔顿也不断创造机会学习。

镇上有个名叫约翰·豪大的盲人学者，他两岁时患天花而失明，凭着坚强的毅力和出众的才智，通过自学，先后掌握了拉丁文、希腊文和法文，在数学、天文、医学、植物学等方面也颇有造诣，是远近闻名的学者。

道尔顿视他为学习榜样，主动登门拜师，跟他学习数学、哲学和拉丁文、希腊语。

通过不同的途径，抓住一切机会，道尔顿这个辍学的孩子在成年后进了大学做老师。在这所学校里，他仍然坚持一边努力工作，一边发奋读书，无论是数学、自然科学，还是哲学、文学的书籍，他都广泛涉猎。最后，他终于成为了大科学家，成就了一番事业。

没礼貌的书呆子博尔德特

博尔德特出生在比利时首都附近的一个城市，常常乘坐短途汽车去首都。因为觉得在车上干坐着太浪费时间，每次坐车他都揣上书读一读。

有位姑娘也经常坐这趟车，见小博尔德特总是专心致志地读书，觉得很好玩，就想逗逗他。

姑娘来到博尔德特身边说："嘿，这个座位是我的，你换一个行不行？"

可是小博尔德特像没听见一样，一直埋着头盯着书看。

姑娘觉得很没面子，于是拍拍小博尔德特的肩膀："你这个人怎么这样呢？我和你说话呢！"

这才把小博尔德特从书中的世界拉回来，他惊慌地说："不好意思，刚才我没注意，您说什么？"

看见小博尔德特这个样子，姑娘笑道："你还真入迷呢，我和你说话你都没听见。我想和你交个朋友，好吗？"

小博尔德特点点头，自我介绍了一下。姑娘在他旁边坐下："你这样看书看得进去吗？车一晃一晃的，对眼睛不好哦。"

小博尔德特笑笑："可是不看书多无聊啊，简直就是在浪费时间。"

"你可以看看窗外嘛。我就喜欢坐车的时候欣赏外面的景色。那次，我看见……"姑娘自顾着说了一会儿，发现身边的小博尔德特没有反应，转头一看，他居然又抱着书入迷了。

虽然有时候小博尔德特显得有些书呆子气，可正是这样不浪费任何一点时间的精神，让他学到了很多东西，成为了科学家。

不同凡响的名门之女伊伦

伊伦就是大名鼎鼎的居里夫人的女儿，从小父母为她提供了极为良好的学习环境，保证她受到良好的教育。小伊伦也不辜负父母的期望，一直勤奋好学，早早显示出自己是个从事科学研究的好苗子。

居里夫人的朋友大都是当时名噪一时的科学家，他们常常聚在居里夫人家里高谈阔论。这些谈论深深地吸引着小伊伦，使她爱上了那个神奇的科学世界。

尽管很敬佩这些学识丰富的叔叔阿姨，小伊伦却不盲目听从他们的见解。

一次，物理学家朗之万对孩子们讲："鱼缸里满满的装上水，我放一条鱼下去，水会怎样呢？"

孩子们异口同声地回答："会漫出来。"

朗之万接着问："答得好。现在我把漫出来的水放在另外一个鱼缸里，发现水的体积比鱼的体积小，这又是为什么呢？"

大家唧唧喳喳地议论开了。只有小伊伦心想，按照自己学过的理论，漫出来的水应该和鱼的体积相等才对。可是朗之万叔叔是大科学家，应该不会说错才对呀？

回家后，小伊伦向妈妈要了两个鱼缸和一条鱼，自己做开了试验。经过几次试验，小伊伦发现漫出的水刚好等于鱼的体积，不多也不少。

第二天见到朗之万的时候，小伊伦告诉了他这件事。朗之万高兴地摸着她的头说："太好了，果然是居里夫人的女儿。昨天我故意这样说，就是想看看大家会不会怀疑。我希望你们不要盲目地相信权威，任何事情都要自己亲手试试，看看事实是怎样的。"

第七代教授玛利亚

玛利亚出身于科学世家，她的家族里连着六代都是教授。爸爸希望玛利亚也能做出一番成就，把这个光荣继承下去。玛利亚也不辜负父亲的厚望，在父亲的栽培下，小小年纪就懂得开动脑筋，显得聪明伶俐。

一次家里请客，来了不少显贵的客人。女仆因为紧张，给客人端茶送水的时候手不停地发抖，使得盘子里的茶杯不断晃动，碰撞托盘发出"磕磕"的响声。声音很大，不少客人都看着她，女仆越发紧张，手抖得更厉害了，有时候还会把茶水撒出来。

这只是一个小小的插曲，没什么人留心。只有小玛利亚注意到了，每次茶水一撒出来，即使女仆的手还在发抖，茶杯也不会晃动了。这是怎么一回事呢？

玛利亚悄悄溜出客厅，来到厨房，拿起杯子和托盘做试验。她拿起干燥的托盘和茶杯晃动，杯子就会响，可是撒上水后，除非用力摇晃，否则茶杯绝不会晃动。几次之后，她确定了茶杯和托盘之间只要有水，就不会晃动。可是这是为什么呢？

正在玛利亚痴想这个问题的时候，爸爸进来了，发现女儿看着托盘和茶杯发呆，就好奇地问她干什么。

玛利亚把疑问告诉了爸爸，爸爸惊讶了，这么小的孩子竟然注意到了这些。

他抱着小玛利亚来到客厅，对这满屋子的宾客大声宣布："我女儿就是戈佩特家的第七代教授。"然后向大家解释了原因，于是来宾们纷纷赞扬小玛利亚的聪明。

大学里的教皇费米

费米刚出生不久，爸爸妈妈很忙，很少有时间照顾他，只好把他送到乡下托人照看。

由于教育环境差，费米上学的时候显得比别的学生笨不少，说话吞吞吐吐，连系鞋带、扣扣子的小事都需要别人提醒，一点儿不聪明活泼，讨老师喜欢。

一次作文课，老师出了个题目：铁能做什么？同学们都发动脑筋，"刷刷刷"地写起来。飞机大炮，轮船火车……看的老师不住点头。

可看到小费米的作文时，老师不由轻轻皱了下眉。作文本上，只有简简单单的一句话：铁能做床。

老师叹了口气，心想这孩子可能真是头脑简单吧，生活能力差，学习成绩不好，连写作文都这么干巴巴的一句话。

可是他没有料到，小费米刻苦学习，慢慢地竟赶上了同学。别人玩耍的时候，他就在教室里看书学习，进步非常快。到了高年级，小费米的成绩已经名列前茅。尤其是物理和数学，更是学校首屈一指的人物。

小费米对待功课的态度非常严谨，只要自己不是很清楚很确定的东西，他都会查找很多资料，自己亲手试验，反复验证才下结论。

开始做科学研究后，他继续发扬这种精神。大学里的研究人员都很敬重他的学术作风，尊称他为"教皇"。有趣的是，当客人慕名来拜访费米的时候，工作人员告诉他们"教皇在某某地方"，常常让客人摸不着头脑。

喜欢抓虫子的孩子法布尔

法布尔出生在法国一个偏僻的小山村里，整个童年时代都在这里度过。虽然不像城里孩子有那么多新鲜事物可看，有那么多玩具可玩，但小村子山青水秀，到处都是各种各样有趣的动物和植物，法布尔的童年依然充满了欢乐。

他爬上高高的树，把树枝当作午睡的小床；他悄悄地躲在灌木中，逮住路过的小松鼠、小野兔；屋子里随处可见法布尔养的小动物：金龟子、小鸟、田鼠……和大自然的亲近使他一生都深深热爱着生物学。

他的祖母养了不少鸡鸭，法布尔发现祖母常常抓小虫子给它们吃。每当看见祖母又喂食了，法布尔就连忙凑过去，着迷地看着祖母手中各式各样的虫子。

有时候祖母累了，就叫法布尔帮忙捉虫子。法布尔开心地接过这个任务。慢慢地，通过抓虫子时的观察，他发现了好多规律：蚯蚓总往土里钻，快下雨前蜻蜓飞得最低，蜜蜂发现蜜源后会来回地盘旋……昆虫世界如此奇妙，深深地吸引了小法布尔，一有闲暇他就跑去观察昆虫，不是盯着飞舞的蝴蝶发呆，就是目不转睛地望着搬家的蚂蚁。

法布尔考上师范学校后，对生物学尤其是昆虫特别喜爱，自己做了不少标本，并且开始做一些研究。毕业演讲上还讲了如何区分害虫和益虫，显示出他在昆虫研究上的独到之处。

毕业后，他依旧在工作之余研究昆虫，为昆虫学做出了很多贡献，昆虫学上著名的《昆虫记》就是由他撰写的。

看蚂蚁搬家的孩子奥古斯特

小奥古斯特从小就很喜欢各种各样的生物，他房间的墙上、桌上、柜子里到处都是他自己制作的生物标本。看看描写生物的书籍，再抬头看看旁边的标本，在笔记本上记下自己的一点体会，饶有兴味地做着这些别人看来也许是枯燥的事情，小奥古斯特就这样度过了很多夜晚。

随着掌握的生物知识越来越多，小奥古斯特对生物的痴迷越来越深，无论在干什么，只要发现有趣的生物，都会情不自禁地放下手头的事情，专心致志地观看。

一次，爸爸带小奥古斯特去山上露营。爬山途中，小奥古斯特走着走着突然不动了，慢慢地蹲下身子。原来草丛中有一群大蚂蚁在搬家。这种蚂蚁个子很大，浑身漆黑漆黑的，平时在山下很少看见。

爸爸知道小奥古斯特的脾气，看着他入迷的样子，也不去叫他，自己在周围散步休息。可是等他逛完一圈回来，发现小奥古斯特竟然不见了。这下爸爸可吓着了，要知道山里多危险啊，要是迷路了后果会很严重的。

爸爸大声喊："奥古斯特，奥古斯特！你在哪里？"声音在山谷中回响，可是却一直没有回音。爸爸冷静下来想了想，按着小奥古斯特的性格，应该是看蚂蚁入迷了，跟着蚂蚁走了吧。于是他开始寻找草丛中蚂蚁搬家的路线，顺着这条路线边向前走，边搜寻小奥古斯特的踪影。

终于，爸爸看见了小奥古斯特。原来他跟着搬家的蚂蚁来到了蚂蚁窝前，正研究蚂蚁窝的结构呢，全神贯注，一点儿不知道爸爸找了他好久了。

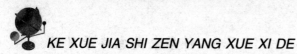
　　不过爸爸没有责怪小奥古斯特，反而蹲下来，听小奥古斯特指着蚂蚁窝，讲述着有关蚂蚁的知识。正是由于这份痴迷和执著，经过努力，小奥古斯特长大后成为了著名的动物生理学家。

解剖死狗的贵族男孩艾德里安

艾德里安出生于英国伦敦的一个贵族家庭里，父母都是很有知识教养的人，很重视孩子的教育。小艾德里安自己也非常好学，除功课出色外，画也画得不错，还会击剑，年仅 18 岁就获得了科学奖学金，顺利进入世界知名的剑桥大学读书。

父母对于小艾德里安的教育秉承一个原则，该鼓励的就大力支持，不该做的就绝对禁止。

一次，小艾德里安在河边散步，突然发现岸边有条被河水冲上岸的死狗。他高兴极了。要知道，他一直对动物内部的结构非常感兴趣，常常在家里解剖一些虫子或者别的小动物，可是从来没解剖过狗，何况还是这么大一只呢！

于是，小艾德里安费力地把死狗拖到干燥一些的地方，掏出随身携带的小刀就干开了。他一边解剖，一边还不断地在小本子上记录着。

"天啊，艾德里安，你在干什么啊！"妈妈发现小艾德里安久久没有回家，有些担心，出来寻找，竟然看见自己身为贵族的儿子蹲在河边玩死狗。

"多脏啊！是不是你把别人的狗弄死了？你怎么可以做这样的事情呢！"妈妈感到有些生气。

等到小艾德里安解释了事情的经过，妈妈明白狗不是儿子所杀，儿子也不是在玩死狗，顿时感到自己太鲁莽了。她向小艾德里安道歉后，并且保证自己决不会干涉他做实验的自由。

正是由于父母这种开明的教育和小艾德里安自己的努力，后来，这个在河边解剖死狗的贵族小孩儿获得了诺贝尔奖。

在旅店打工的改革家费曼

为了挣零用钱，费曼小时候常常到姨妈开的旅店打工。在别人眼里，旅店的工作单调无聊，可是对于小费曼来说，旅店则成了他发明创造的第一个改革对象。

小费曼的第一个想改革的是：拿盘子的方法。清理餐桌的时候，大家都是把桌上所有的东西都堆在托盘上，堆到一定高度就去厨房换新托盘。换盘子的时候，总是先拿走旧的，再放上新的。

小费曼心想：要是我同时做完这两件事，不是省了一半的时间吗？于是他试着在抽出旧托盘的同时塞进新托盘，结果"哗啦"一声，所有的东西全掉在地上，巨大的声响引得大家都看过来："费曼，你干了些什么呀！"

受到大家嘲笑的小费曼毫不气馁，又兴致勃勃地改良切四季豆的方法。他认为原来用刀切四季豆的方法太慢没有效率，而自己把四季豆推向刀锋来切断的新方法则省事得多。可惜向老板证实这一点的时候，因为太想表现，手推得飞快，不小心把手割破了，于是这个方法也沦为大家的笑谈。

不过慢慢地，小费曼有了一些成功的发明。他利用装水可乐罐设计了一套关门时自动关灯的系统；利用切蛋器设计了一个能快速切开煮熟土豆的方法；在总机的线路上绑上纸片，让人不必跑到总台，就知道是哪部电话响的系统……

尽管这些发明引起了旅馆工作人员的好奇，但小费曼的姨妈并没有采用这些新发明，到小费曼离开的时候，旅馆一切照旧。大家都很喜欢这个聪明有趣的小伙子，并感到他长大后将不同寻常。

连跳四级的超级学生弗莱明

弗莱明出生在一个穷困的家庭里，父母都没有什么文化，但是他们很重视孩子的教育，常常对子女们说："爸爸妈妈这样穷就是因为没有知识，你们一定要好好学习，做有学问的人，用知识来改变命运。"

爸爸妈妈的话，深深地刻在了小弗莱明的脑海里。他从小读书就非常用功，成绩一直是班里的第一名。一有空他还自学高年级的课程，不到两年时间，他竟然自学完了所有高年级的课程。

一天，小弗莱明敲开了校长办公室的大门，说出了自己的愿望："校长，我自学了高年级的课程，希望可以跳级直接进入高年级学习。"

"跳级？"校长吃了一惊，"弗莱明，我知道你成绩非常好，可是跳级要通过高年级的考试，你行吗？"

"您就考考我吧。"小弗莱明十分坚持。

校长拿出一份卷子给小弗莱明，当堂测试，竟然是满分。校长高兴地宣布他马上就可以进入高一年级学习。

连着四天，同样的事情一再发生。老师们都不敢相信，这个貌不惊人的孩子竟然连跳四级，每次测验几乎都是满分。这可创下了学校的纪录啊！大家都惊叹弗莱明是多么聪明，多么用功啊！

靠着这份执著，小弗莱明长大后，果然用知识改变了命运，最后获得了诺贝尔奖。

让人震惊的天才少年泡利

泡利从小就聪明得让人惊叹，周围的人都称他为"天才"。

有一次，著名的物理学家索末菲来到他的家乡演讲。许多物理研究爱好者都纷纷慕名前往，小泡利也跟着一块儿去了。

讲堂里，小泡利显得很突出，来的都是成年人，只有他矮矮的个头，一脸的稚嫩。大家心里暗自嘀咕：这小孩儿来干吗？他能听懂这么难的演讲吗？

索末菲教授的演讲中包括了很多物理运算，有时候复杂得让大多数人都摸不着头脑。很多人都皱起了眉头，可是小泡利却一个劲地点头。

索末菲教授早就注意到了这个特别的小听众，见他不住地点头，忍不住问："孩子，你能听懂吗？"

"是的，教授，我能听懂。"小泡利认真地回答。

演讲结束了，索末菲教授问大家还有什么疑问，大家都摇头说没有。

这时，小泡利又举手了。索末菲教授很奇怪："孩子，你哪里没有明白呢？

"黑板左上角那个公式我不太明白，教授，您能给我们再演算一次吗？"小泡利说。

索末菲教授很喜欢这个聪明的男孩儿，便走到黑板前，再一次推算这道题目。这次，他惊讶地发现，原来这道题的结果他少打了一个小数点。

"孩子，你真是太聪明了，所有人都没有注意到这个疏漏，只有你发现了，只有你真的听懂了！"索末菲教授激动地摇晃着小泡利的肩膀。

从此，小泡利的"天才"名声更响亮了。19岁那年，他考入慕尼黑大学，成了索末菲教授的学生。